¿Sabías qué?
Cuerpo humano

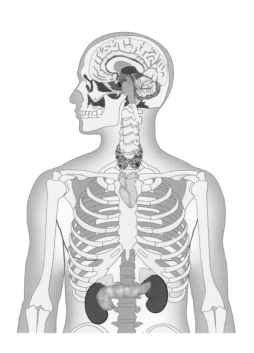

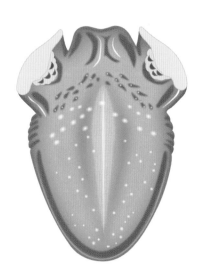

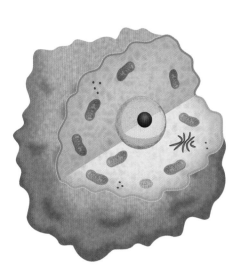

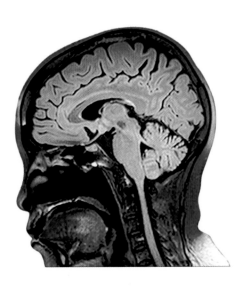

¿Sabías qué?

Cuerpo humano

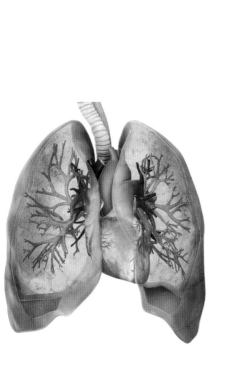

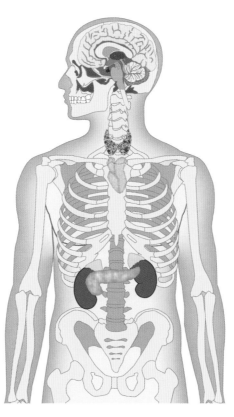

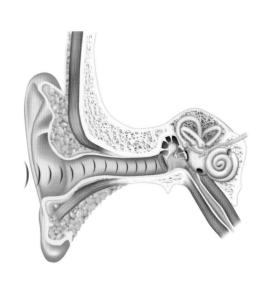

Emily Dodd

Texto Emily Dodd
Asesoramiento Dr. Bipasha Choudhury
Ilustración Dan Crisp, Arran Lewis

DK LONDRES
Edición Katie Lawrence
Edición de arte sénior Ann Cannings
Edición adicional Manisha Majithia, Olivia Stanford
Edición ejecutiva Jonathan Melmoth
Edición ejecutiva de arte Diane Peyton Jones
Edición de producción sénior Robert Dunn
Control de producción Barbara Ossowska
Diseño de cubierta Ann Cannings
Coordinación de cubierta Issy Walsh
Dirección editorial Francesca Young
Dirección creativa Helen Senior
Dirección de publicaciones Sarah Larter

DK DELHI
Edición del proyecto Radhika Haswani
Edición de arte sénior Nidhi Mehra
Edición de arte del proyecto Bharti Karakoti
Edición ejecutiva Monica Saigal
Edición ejecutiva de arte Romi Chakraborty
Diseño de cubierta Rashika Kachroo
Edición de cubierta Radhika Haswani
Diseño de maquetación Sachin Gupta, Vijay Kandwal
Dirección CTS Balwant Singh
Dirección de producción Pankaj Sharma
Documentación gráfica Sakshi Saluja
Dirección creativa en Delhi Glenda Fernandes,
Malavika Talukder

De la edición en español:
Servicios editoriales Tinta Simpàtica
Traducción Eva Jiménez Julià
Coordinación de proyecto Cristina Sánchez Bustamante
Dirección editorial Elsa Vicente

Publicado originalmente en Gran Bretaña en 2021
por Dorling Kindersley Limited
DK, One Embassy Gardens, 8 Viaduct Gardens,
Londres, SW11 7BW
Parte de Penguin Random House

ISBN: 978-0-5938-4814-2

Impreso y encuadernado en China

www.dkespañol.com

Contenidos

Lo básico

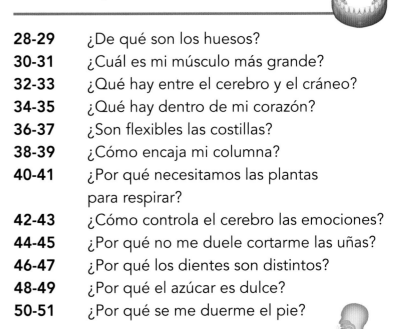

Pieza a pieza

Cómo funciona

Descubre cómo ve el médico el interior del cuerpo en la p. 118.

Hábitos sanos

Avances médicos

Descubre cómo respiras en la p. 56.

? Test rápido

¡Demuestra cuánto sabes! Busca los «Test rápidos» en las páginas del libro para ver lo que has aprendido. Tienes muchas respuesta en el texto, pero para algunas preguntas tendrás que investigar, o aventurar una solución. Tienes todas las respuestas en las páginas 132-133.

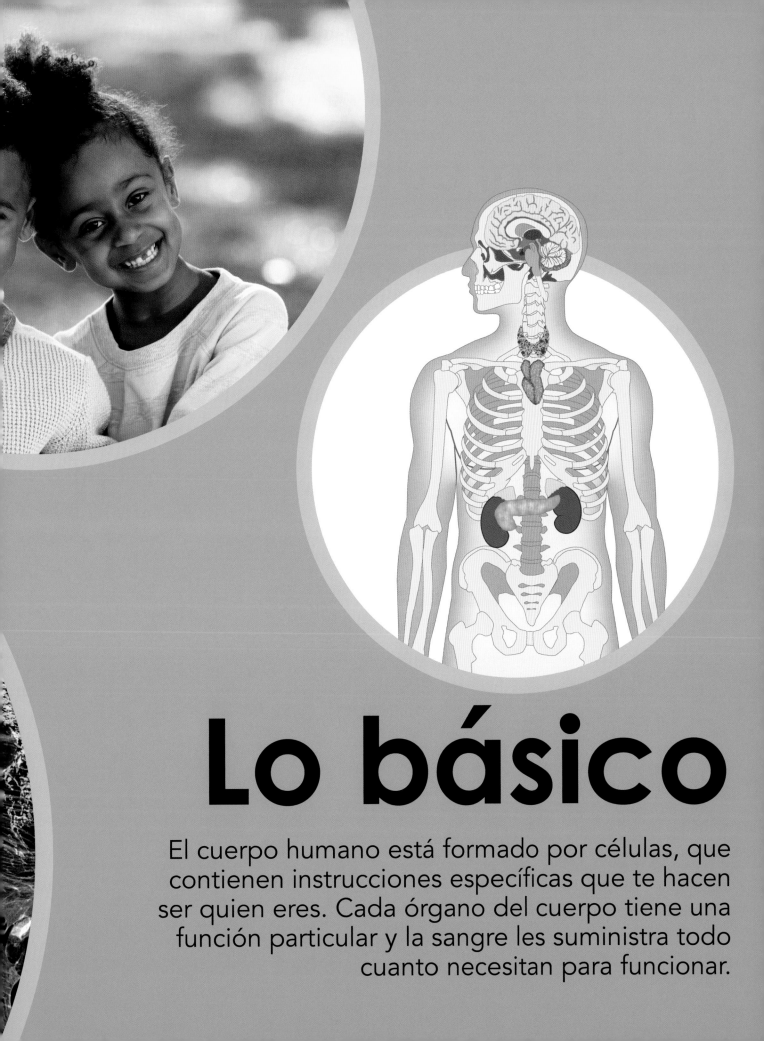

Lo básico

El cuerpo humano está formado por células, que contienen instrucciones específicas que te hacen ser quien eres. Cada órgano del cuerpo tiene una función particular y la sangre les suministra todo cuanto necesitan para funcionar.

¿De qué está hecho mi cuerpo?

Los componentes vivos más pequeños del cuerpo son las células, y las hay de varios tipos. Las células se unen para formar tejidos y estos, a su vez, forman los órganos. Los órganos trabajan en sistemas, como el sistema respiratorio.

Tejido

Todas las partes del cuerpo están formadas por tejidos. Algunos crean estructuras duras, como los huesos, y otros, partes blandas, como los nervios y los músculos.

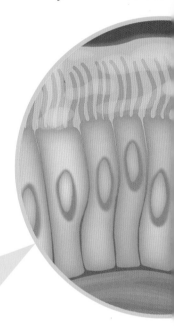

Células

Las células contienen las instrucciones para formar el cuerpo. Escritas en una secuencia química codificada llamada ADN, estas directrices se guardan en el centro o núcleo de la célula.

Esta célula está a punto de dividirse en dos. Se ha copiado a sí misma y ha creado otro núcleo.

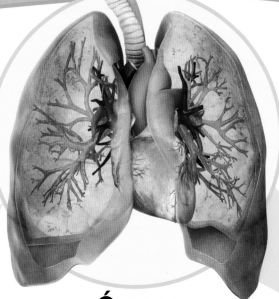

Órgano

Los órganos son partes del cuerpo que tienen una función concreta. Así, los pulmones toman oxígeno del aire, lo liberan en la sangre y eliminan el dióxido de carbono.

Sistemas orgánicos

Los grupos de órganos trabajan juntos en sistemas orgánicos. Así, los pulmones son parte del sistema respiratorio y la función de este grupo de órganos es ayudarte a respirar.

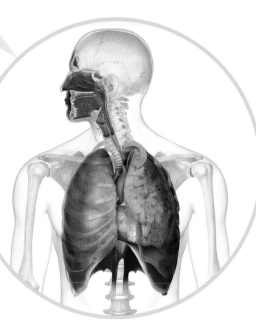

¿De dónde proceden todas mis células?

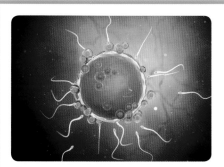

Óvulo

La mitad de las instrucciones para engendrar tu cuerpo provienen de un óvulo de tu madre.

Esperma

Las directrices para formar la otra mitad vienen del espermatozoide de tu padre.

? Test rápido

1. ¿Cómo se llaman los componentes vivos más pequeños del cuerpo?

2. ¿Cómo se llama el centro de una célula?

3. ¿Qué construyen los grupos de tejidos?

Respuestas en pp. 132-133

¿Cuál es el órgano más grande?

¡La piel! Pesa unos 4 kg. Cada órgano del cuerpo tiene una forma y un tamaño diferentes, y cada uno realiza una función distinta. Así, el corazón bombea la sangre, los ojos te permiten ver y el cerebro controla todo lo que haces.

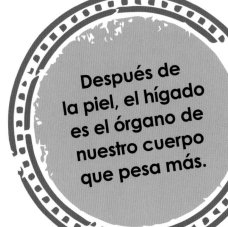

Después de la piel, el hígado es el órgano de nuestro cuerpo que pesa más.

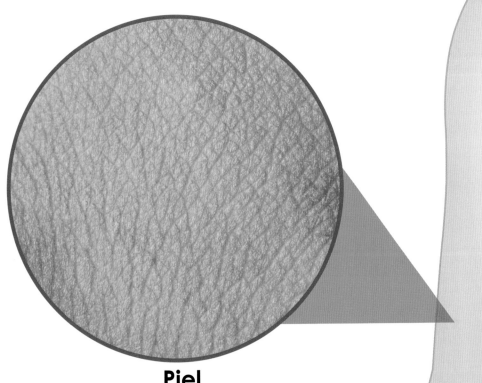

Piel

La piel mantiene el cuerpo a una temperatura saludable y contiene las vísceras. Impide que el agua, los gérmenes y los rayos del sol penetren en tu cuerpo.

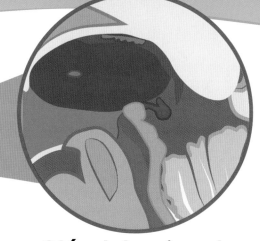

Glándula pineal

El órgano más pequeño del cuerpo es la glándula pineal (en rojo). Está en el cerebro y, al oscurecer, libera una hormona, o mensaje químico, la melatonina, que ayuda al cuerpo a relajarse y prepararse para dormir.

? **¿Cierto o falso?**

1. Los pulmones forman parte del sistema circulatorio.

2. El cerebro es el órgano más grande del cuerpo.

3. Se necesitan dos riñones para vivir.

Respuestas en pp. 132-133

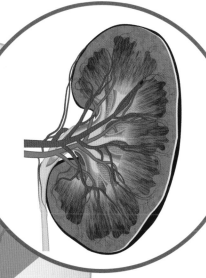

Riñón

Los riñones limpian la sangre y equilibran el agua del cuerpo. Filtran los desechos de la sangre y ayudan al organismo a eliminarlos a través de la orina. Los dos riñones realizan la misma función, así que se puede vivir con uno solo.

¿Hay otros órganos sin los que podríamos vivir?

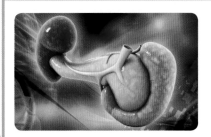

Bazo

Si falta el bazo, el hígado se ocupa de su función. Recicla los glóbulos rojos y contiene glóbulos blancos para combatir enfermedades.

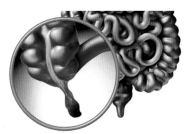

Apéndice

Las bacterias del apéndice facilitan la digestión, pero si se llena de bacterias nocivas y se inflama, debe extirparse.

¿Hay algo más pequeño que una célula?

Las células son las partes vivas más pequeñas del cuerpo. En su interior hay pequeñas estructuras flotantes, los orgánulos, que realizan distintas funciones, como transformar los alimentos en energía.

Orgánulos

Los órganos son partes del cuerpo con funciones importantes, y en las células estos cometidos los realizan los orgánulos. El núcleo y las mitocondrias son dos ejemplos.

Membrana

La membrana es la capa externa de la célula. Permite que el agua y las sustancias químicas entren y salgan de esta, según lo que necesite.

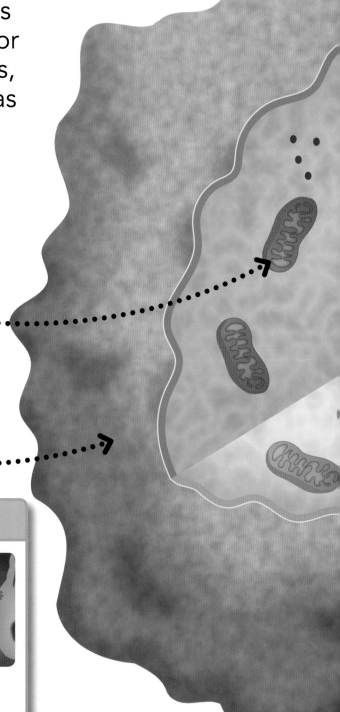

¿Qué formas tienen las células?

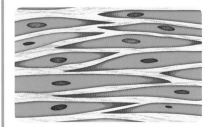

Fibrosas

Las células musculares son blandas y fibrosas. Se contraen o deslizan unas sobre otras para encoger los músculos y mover el cuerpo.

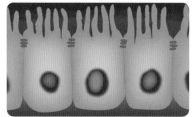

Onduladas

Las células del intestino parecen tener volantes. Absorben nutrientes de los alimentos en el aparato digestivo y los pasan a la sangre.

Citoplasma

Los orgánulos flotan en un líquido gelatinoso llamado citoplasma. Este fluido ayuda a las partes de la célula a mover sustancias (como el azúcar) de un lado a otro de la célula.

Mitocondrias

Estos orgánulos liberan la energía que hace funcionar la célula. Descomponen el azúcar de los alimentos para que la célula use su energía.

? ¡Qué imagen!

¿Qué célula tiene forma de rosquilla y transporta oxígeno?

Respuestas en pp. 132-133

Célula, en latín, significa «habitación pequeña». Es como un pequeño habitáculo.

Núcleo

Este es el centro de control de la célula. Contiene el ADN del cuerpo y las instrucciones para fabricar cualquier tipo de célula.

Vacuolas

Las vacuolas son unos compartimentos que almacenan y transportan alimentos y sustancias químicas. También pueden contener residuos, que son expulsados de la célula cuando estas se unen a la membrana celular.

¿Por qué la sangre es roja?

La sangre es roja porque la mitad de ella está formada por glóbulos rojos y estos contienen hierro, un elemento de color rojo oscuro. El resto de la sangre es, principalmente, agua y células de otros tipos, como las plaquetas. Las células de la sangre flotan en un líquido que se llama plasma.

¿Por qué las venas se ven azules?

Las venas devuelven al corazón la sangre que transporta menos oxígeno y por eso es de color rojo oscuro. Esta sangre más oscura fluye por las venas, de color claro, que están cubiertas por una capa de piel. Esto hace que las venas parezcan azules.

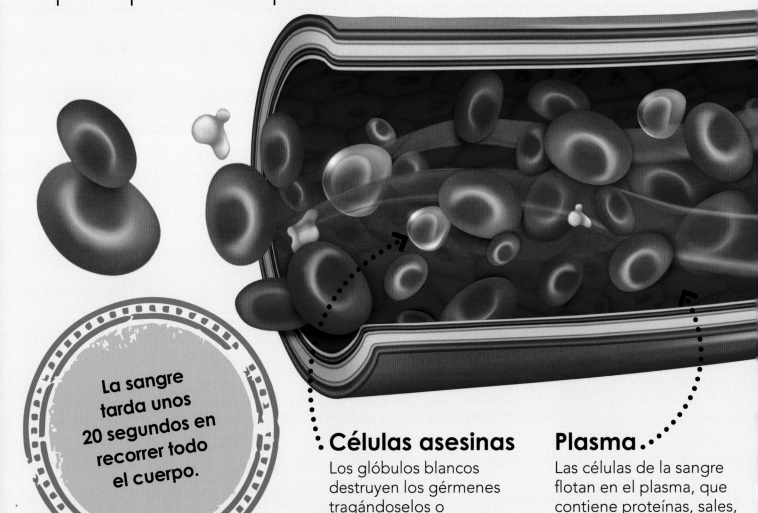

La sangre tarda unos 20 segundos en recorrer todo el cuerpo.

Células asesinas

Los glóbulos blancos destruyen los gérmenes tragándoselos o lanzándoles sustancias químicas letales.

Plasma

Las células de la sangre flotan en el plasma, que contiene proteínas, sales, hormonas, vitaminas, minerales y mucha agua.

Hemoglobina

El color de los glóbulos rojos se debe a una proteína llamada hemoglobina que contiene hierro, un elemento de color rojo oscuro. La hemoglobina capta y retiene el oxígeno, que los glóbulos rojos transportan por todo el cuerpo.

Reparación

Las plaquetas son unas células que se adhieren entre sí al producirse una herida para formar una costra y reparar el daño.

Transporte

Los glóbulos rojos transportan el oxígeno a cualquier parte del cuerpo que lo necesite. Allí lo dejan y retiran un gas de desecho, el dióxido de carbono.

? ¿Cierto o falso?

1. Las venas transportan la sangre desde el corazón.

2. El hierro hace que la sangre sea roja.

3. Los glóbulos rojos combaten los gérmenes.

Respuestas en pp. 132-133

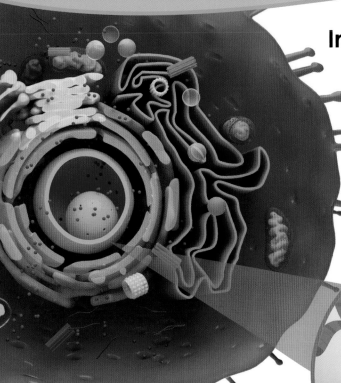

Interruptor

Los genes son como interruptores: pueden encenderse y apagarse. Indican a la célula si va a ser un hueso o parte de una pestaña.

Cromosomas

El ADN está enrollado en estructuras en forma de hebra, llamadas cromosomas. Estos contienen cientos o miles de genes.

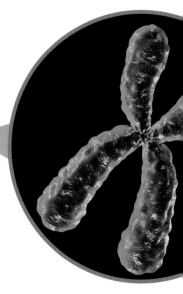

En el núcleo

Cada célula de tu cuerpo contiene todos tus genes. Estos están almacenados en pares de cromosomas en el núcleo, que es el centro de la célula.

¿Qué es el ADN?

El funcionamiento y el aspecto del cuerpo dependen en gran medida de los genes. Un cuerpo se construye a partir de células, que contienen todas las instrucciones para que seas como eres, codificadas en secciones de tu ADN (**á**cido **d**esoxirribo**n**ucleico) que se llaman genes.

? Test rápido

1. ¿En qué parte de la célula están los cromosomas?

2. ¿Cómo sabe cada célula cuál es su función?

3. ¿Cómo se llama la forma de escalera retorcida del ADN?

Respuestas en pp. 132-133

Genes

Cada una de estas secciones de ADN contiene el código para formar una parte del cuerpo. Tenemos 25 000 genes que lo controlan todo, desde la forma de tu cara hasta cuántas uñas tienes en el pie.

ADN

El ADN es una larga cadena de sustancias químicas unidas en forma de doble hélice. Usa cuatro tipos de sustancias químicas para crear un código para cada parte del cuerpo.

Extendido, el ADN de una persona podría llegar hasta el Sol y volver 400 veces.

¿Qué controlan los genes?

Los genes controlan muchos aspectos de tu cuerpo, incluso rasgos de tu personalidad. Sin embargo, las experiencias vitales también moldean quién eres y tu manera de pensar. También lo que comes y el ejercicio que haces influyen en cómo es tu cuerpo.

Pares de cromosomas

Los cromosomas se presentan en pares y cada célula contiene 23 pares. Cada par incluye un conjunto de genes de tu madre y de tu padre.

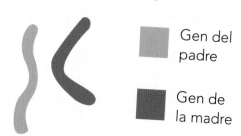

Gen del padre

Gen de la madre

Par de cromosomas

¿Los mellizos son idénticos?

A diferencia de los gemelos, los mellizos tienen diferentes genes. Aunque hayan nacido en un mismo parto, cada uno recibe una copia de los genes de sus progenitores, pero estas no son iguales. Tienen similitudes y diferencias entre sí, como cualquier otro par de hermanos.

¿Los gemelos son iguales?

Los gemelos comparten los mismos genes, por eso tienen un mismo aspecto. Todas las instrucciones que hacen únicas a las personas están en el ADN de cada célula del cuerpo. Los gemelos tienen una misma secuencia de ADN.

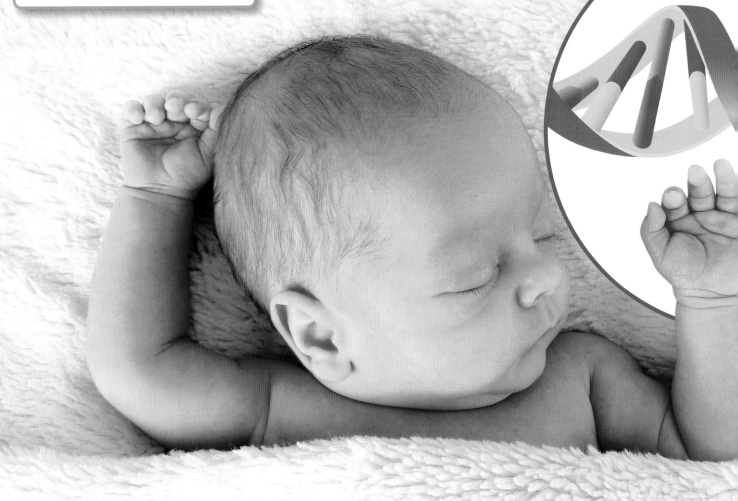

Secuencia codificada

Cuatro sustancias químicas componen una secuencia codificada de ADN: adenina (A), timina (T), guanina (G) y citosina (C). Forman las instrucciones para crear el cuerpo en secuencias de genes.

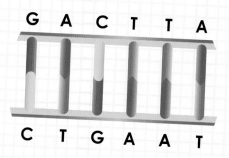

G A C T T A

C T G A A T

? Test rápido

1. ¿Cómo cabe tanto ADN en una célula diminuta?

2. ¿Qué función tiene la mayor parte de tu ADN?

3. ¿De dónde procede tu ADN?

Respuestas en pp. 132-133

ADN

Cada célula del cuerpo contiene 2 m de ADN fino y enrollado. Sin embargo, solo sabemos la función de unos 4 cm, el resto sigue siendo un misterio.

Diferencias

Aunque compartan los mismos genes, los gemelos pueden tener distintas estaturas, si siguen dietas distintas o no hacen el mismo ejercicio. Cada uno desarrolla también su propia personalidad.

El 99,9 por ciento del ADN de todos los humanos es idéntico.

¿Por qué no tengo la nariz de mi madre?

La forma de tu nariz depende de los genes que te han transmitido tus padres. Dejará de cambiar cuando tengas unos 10 años, pero seguirá creciendo lentamente.

Genes

Tu ADN está dentro de grupos de instrucciones llamados genes, que marcan tus características, como la forma de tu nariz.

Árbol genealógico

Aquí tienes un ejemplo de cómo podrías heredar la forma de la nariz de tus padres.

Clave:
En este ejemplo hay dos variantes genéticas, o alelos.

N = nariz larga
n = nariz corta

El padre y la madre transmiten uno de sus alelos a cada hijo de forma aleatoria.

El alelo N (nariz larga) es dominante. Esto significa que cuando una persona recibe ambos alelos, el N anula al n y la persona tiene una nariz larga.

Padre (Nn)   Madre (nn)

N   n   n   n

Hija (Nn)   Hijo (nn)

Cada descendiente recibe una mezcla de los alelos de sus padres.

Herencia

Recibes un conjunto de genes de tu padre y de tu madre que conforma tus características. Algunos genes son más fuertes que otros, por lo que la mayoría de las personas se parecen a ambos progenitores.

¿Qué marca el color de mis dientes?

Genes

Los genes deciden el grosor del esmalte, la capa blanca y dura que recubre los dientes. Bajo esta lámina son amarillos. Si la capa de esmalte es fina, los dientes serán amarillentos.

Estilo de vida

Qué comes y bebes, y la frecuencia con que te cepillas los dientes influyen en su color y resistencia. Así, beber mucho zumo de naranja, que es ácido, puede estropearlos.

? *Test rápido*

1. ¿De dónde vienen tus genes?

2. ¿Cómo se llama un rasgo que es transmitido por tus padres?

Respuestas en pp. 132-133

¿Vive una bacteria?

¡Sí! Las bacterias son unos diminutos organismos unicelulares (seres vivos). Desempeñan un papel relevante en tu cuerpo. Algunas ayudan al aparato digestivo a descomponer los alimentos y producir vitaminas. Otras generan unas sustancias venenosas llamadas toxinas, que pueden hacerte enfermar. Estas bacterias también se llaman gérmenes.

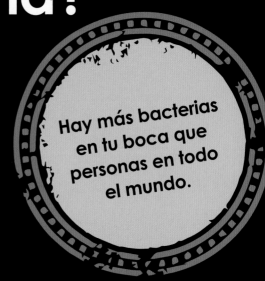

Hay más bacterias en tu boca que personas en todo el mundo.

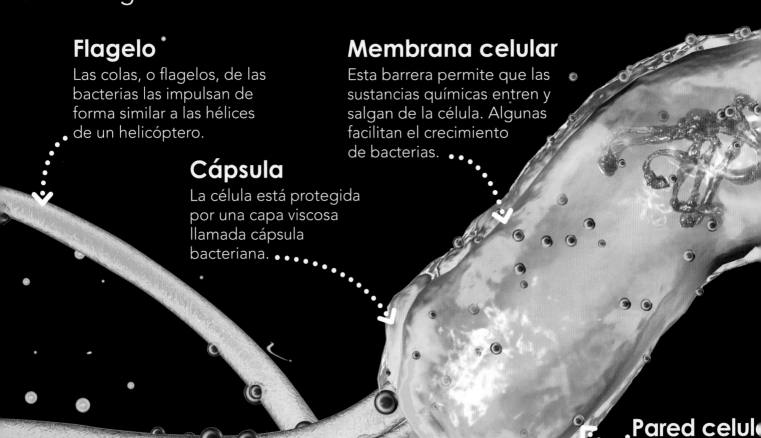

Flagelo
Las colas, o flagelos, de las bacterias las impulsan de forma similar a las hélices de un helicóptero.

Membrana celular
Esta barrera permite que las sustancias químicas entren y salgan de la célula. Algunas facilitan el crecimiento de bacterias.

Cápsula
La célula está protegida por una capa viscosa llamada cápsula bacteriana.

Pared celul
La pared protege las bacterias y les da su forma. Las células espirales se llaman espirilos

Ribosomas

Las bacterias se reproducen dividiéndose en dos. Los ribosomas sintetizan proteínas que ayudan a producir nuevas bacterias.

Cromosoma

El ADN de la célula forma un bucle circular llamado cromosoma. Contiene información sobre qué es y cómo funciona.

Citoplasma

El líquido del interior de la célula se llama citoplasma. Contiene sustancias para que funcionen las bacterias de tu cuerpo.

? ¿Cierto o falso?

1. La mitad de tu caca son bacterias.

2. Las bacterias y los virus son gérmenes diferentes.

Respuestas en pp. 132-133

¿Qué otras formas tienen las bacterias?

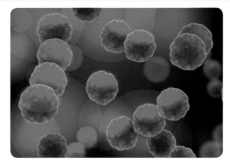

Cocos

Las bacterias en forma esférica o redonda se conocen como cocos.

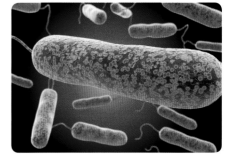

Bacilos

Las bacterias en forma de bastón se conocen como bacilos.

¿Qué son las hormonas?

Las hormonas son señales químicas que viajan por la sangre. Contribuyen a regular y controlar, entre otros, los niveles de energía, el estado de ánimo y el crecimiento. Actúan con una mayor lentitud que las señales eléctricas de los nervios, pero sus efectos suelen ser más duraderos.

¿Cómo funcionan tus hormonas?

El cerebro vigila tu cuerpo, y cuando algo debe cambiar, hace que se liberen hormonas. Así, al oscurecer, el cerebro manda a la glándula pineal que libere melatonina para relajar el cuerpo.

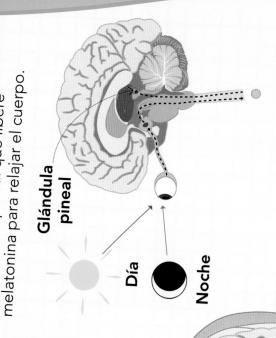

Glándula pineal

Día

Noche

Glándula pituitaria

También llamada hipófisis, libera nueve señales químicas diferentes, entre ellas una que contribuye al crecimiento. Produce hormonas que controlan muchas otras glándulas.

Timo

El timo produce unas hormonas con las que el cuerpo genera glóbulos blancos para combatir enfermedades. Esta glándula, que se encuentra detrás del esternón, es grande en los niños y encoge con la edad.

Glándula tiroides

Esta glándula produce muchas hormonas de tu cuerpo. Algunas ayudan a controlar tu peso y tu temperatura.

Respuestas en pp. 132-133

¿Cierto o falso?

1. La glándula pituitaria produce 9 hormonas.

2. Las hormonas son señales eléctricas.

3. Las hormonas son las señales más rápidas del cuerpo.

Glándulas suprarrenales

Producen hormonas que facilitan el funcionamiento del cuerpo, como la adrenalina, que se libera si tienes frío o miedo.

Páncreas

Su principal función es liberar una hormona que controla el nivel de azúcar en la sangre. Además, envía señales al estómago para facilitar la digestión de los alimentos.

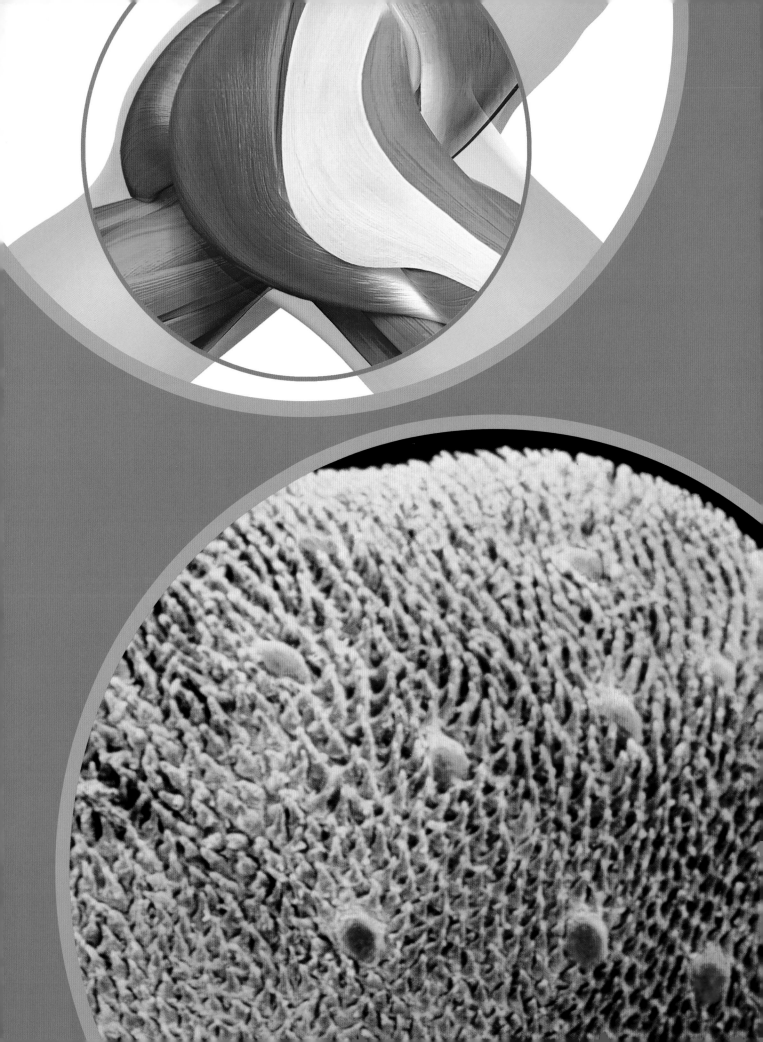

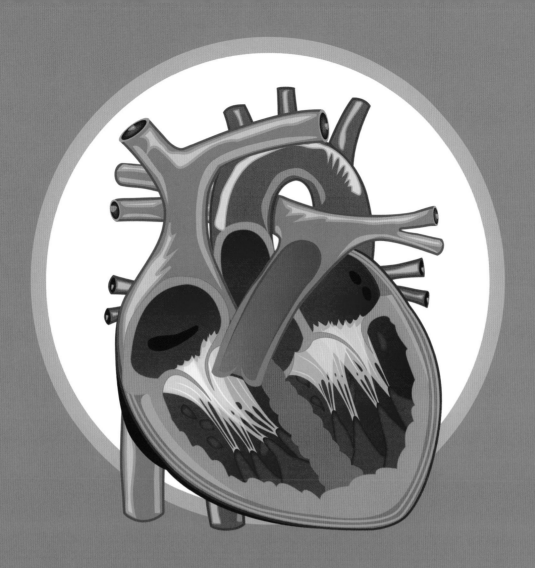

Pieza a pieza

Todas las partes del cuerpo desempeñan una función para mantenerte activo. Los huesos producen células sanguíneas, la columna se dobla gracias a articulaciones flexibles y tus pulmones toman aire para que respires.

¿De qué son los huesos?

Los huesos dan solidez y estructura al cuerpo. Son órganos con suministro de sangre, nervios y varias capas de tejido. La capa exterior es sólida, pero en el interior hay una sustancia gelatinosa llamada médula ósea. Aquí ves el fémur, el hueso del muslo, que es el más grande.

La médula ósea puede producir hasta 2 millones de células sanguíneas al segundo.

Hueso compacto

La capa externa del hueso es dura y compacta. Está formada por láminas de tejido fuerte llamadas osteonas.

Periostio

Los huesos están cubiertos por el periostio, una membrana lisa que los protege y conecta a los músculos que los rodean.

Vigas de acero

Fuerte y ligero

Nuestros huesos son seis veces más ligeros que el acero, pero igual de fuertes.

¿Cuántos huesos tiene mi cuerpo?

Los bebés nacen con unos 300 huesos de cartílago, un tejido flexible. A medida que el bebé crece, se fusionan (se unen) y endurecen. El cráneo de un recién nacido, por ejemplo, tiene los huesos separados. A los 18 años, un adulto solo tiene 206 huesos.

Este es uno de los huesos del cráneo de un bebé.

Médula ósea

Hay dos tipos de médula ósea. La roja produce células sanguíneas y la amarilla almacena la grasa que te da energía.

Hueso esponjoso

Bajo el hueso compacto se halla una capa ligera de hueso esponjoso. Está llena de médula ósea que contiene vasos sanguíneos y nervios.

Cabeza

La cabeza del fémur es redonda para que encaje en la cavidad del hueso de la cadera. El hueso de la cabeza es esponjoso y compacto.

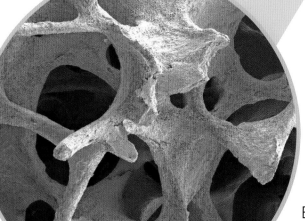

Estructura en panal

El hueso esponjoso tiene una estructura en panal. Pequeñas barras de hueso duro se cruzan entre sí dejando espacios entre ellas. Estos espacios mantienen los huesos ligeros, mientras que las barras los fortalecen.

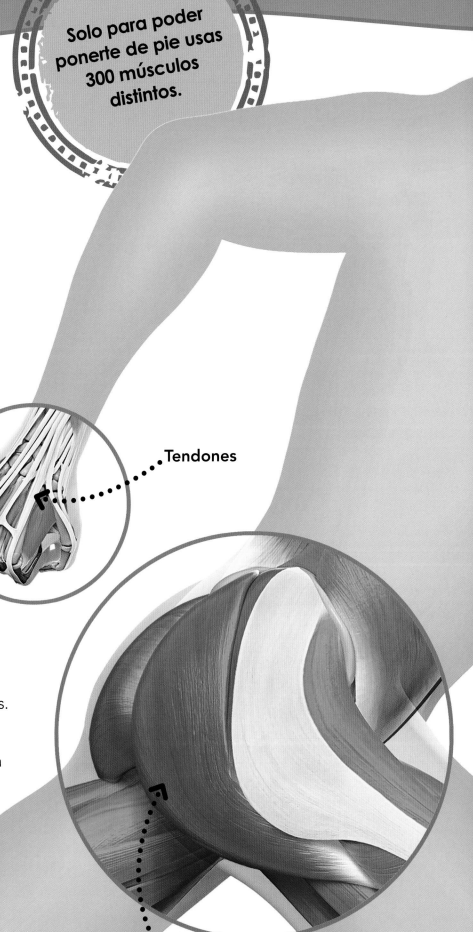

? Test rápido

1. De los tres principales tipos de músculos, ¿cuál mueve los huesos?

2. ¿Qué músculos flexionan el brazo?

Respuestas en pp. 132–133

Solo para poder ponerte de pie usas 300 músculos distintos.

Tendones

Los músculos están unidos a los huesos con tendones. Pueden ser gruesos o delgados, planos o redondos. Los tendones también pueden unir músculos a órganos que se mueven, como los globos oculares.

Tendones

Células musculares

Las células musculares, o fibras musculares, son largas y delgadas. Cuando estas fibras se contraen, se deslizan unas sobre otras. Esto acorta el músculo y modifica la forma de tu cuerpo. Así, si has levantado la pierna, usas el glúteo mayor para devolverla a su posición inicial.

Glúteo mayor

¿Cómo se mueve el cuerpo?

Tríceps

Los músculos trabajan por pares para mover los huesos. Cuando flexionas el brazo, el bíceps se contrae y tira del brazo hacia arriba y el tríceps se relaja. Para darle fuerza, el tríceps se contrae y el bíceps se relaja.

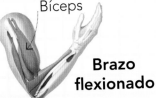

Bíceps

Brazo extendido

Brazo flexionado

Músculo esquelético

Suele estar unido al hueso con tendones. Este tipo de músculo da forma al cuerpo y lo mueve.

Fibras de un músculo esquelético

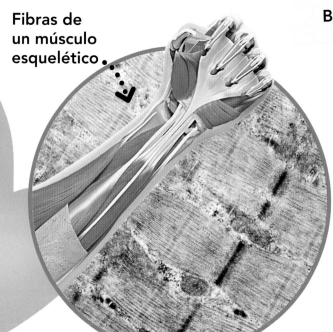

¿Qué otro tipo de músculos tengo?

Músculos cardiacos

El corazón está formado por músculos cardiacos que laten para bombear la sangre. Estos músculos trabajan continuamente.

Músculos lisos

Estos músculos están en las paredes de los órganos huecos, como la vejiga, y se contraen para comprimirlos.

¿Cuál es mi músculo más grande?

El glúteo mayor es el músculo más grande del cuerpo. Está situado en las nalgas. Este músculo te ayuda a correr, saltar y trepar. Grupos de músculos trabajan en equipo para mover distintas partes del cuerpo. Las señales eléctricas enviadas desde el cerebro controlan el movimiento muscular.

¿Cómo mantener el cerebro sano?

Alimentación y agua

Una dieta sana aporta nutrientes al cerebro. El agua ayuda a producir el fluido que rodea el cerebro. Además de proporcionar nutrientes, elimina los residuos.

Líquido amortiguador

El cerebro se nutre de un tipo de líquido llamado cefalorraquídeo (LCR). Mantiene el cerebro suspendido y amortigua posibles golpes. También le suministra nutrientes.

Membranas

Estas tres capas de tejido rodean y protegen el cerebro. En conjunto se denominan meninges.

Fluido

El LCR circula por el cerebro. Fluye por él y por la médula espinal según las flechas de este diagrama.

¿Qué hay entre el cerebro y el cráneo?

Un líquido claro fluye entre tu cerebro y tu cráneo, y hay tres capas planas de tejido, llamadas meninges. Una capa envuelve tu cerebro, tu cráneo está revestido con otra capa y la tercera flota entre los dos.

Vasos sanguíneos

Suministran sangre al cerebro. Son distintos de los vasos sanguíneos del resto del cuerpo, ya que no permiten la entrada de virus o gérmenes en el cerebro, que son eliminados de la sangre por las células de los ventrículos.

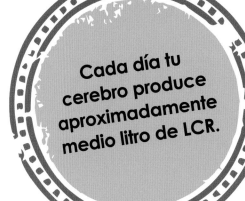

Cada día tu cerebro produce aproximadamente medio litro de LCR.

Creación de líquido

Las cavidades llamadas ventrículos están recubiertas de células que producen el LCR. Fluye alrededor y dentro del cerebro, y por la médula espinal. El LCR contiene glóbulos blancos, azúcar y proteínas para el cerebro.

Cráneo

El cráneo protege el cerebro. Está formado por varios huesos y envuelve el cerebro y otros órganos de la cabeza, como los ojos.

Médula espinal

La médula espinal también está protegida por el LCR. Este baja por la parte posterior de la médula y luego vuelve a subir por delante hasta el cerebro.

? Test rápido

1. ¿Cuántas capas membranosas hay entre el cerebro y el cráneo?

2. ¿Qué hace el líquido alrededor del cerebro?

3. Además del cerebro, ¿dónde está el LCR?

Respuestas en pp. 132-133

¿Qué hay dentro de mi corazón?

Tu corazón está dividido en cuatro cavidades: dos aurículas y dos ventrículos. Sus paredes musculares se relajan y contraen, empujando la sangre hacia la siguiente cavidad o hacia el cuerpo y los pulmones.

La aorta es la arteria más grande del cuerpo. Parece una manguera.

? Test rápido

1. ¿Qué produce el sonido de los latidos?

2. ¿Qué recoge la sangre de los pulmones?

3. ¿Qué vasos llevan la sangre fuera del corazón?

Respuestas en pp. 132-133

Vena cava superior

Devuelve la sangre de la cabeza y la parte superior del cuerpo a la aurícula derecha.

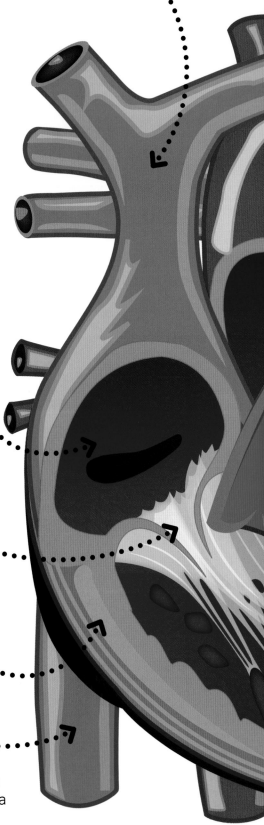

Aurícula

La sangre fluye hacia las cavidades más pequeñas del corazón: las aurículas izquierda y derecha.

Válvulas

Las válvulas se abren en un solo sentido y la sangre fluye en una sola dirección. Al cerrarse, las válvulas producen el sonido de los latidos cardiacos.

Paredes

Las señales eléctricas de las células de las paredes contraen los músculos, lo que empuja la sangre.

Vena cava inferior

Es la vena más grande del cuerpo. La sangre entra en la aurícula derecha desde la parte inferior del cuerpo.

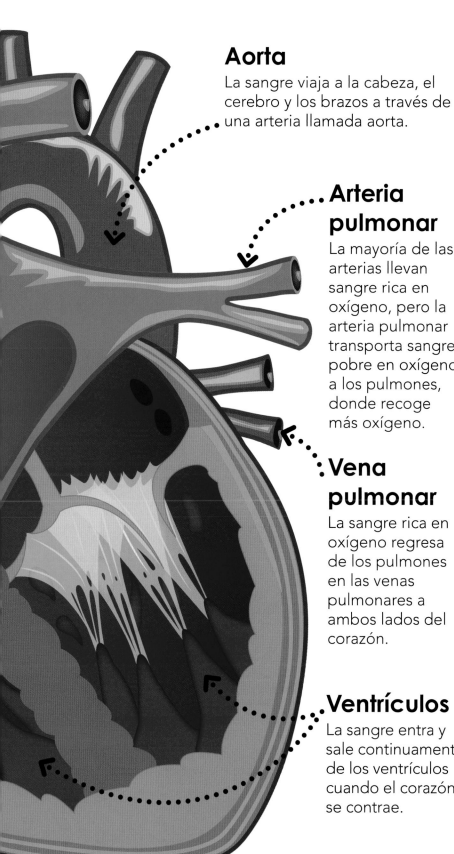

Aorta

La sangre viaja a la cabeza, el cerebro y los brazos a través de una arteria llamada aorta.

Arteria pulmonar

La mayoría de las arterias llevan sangre rica en oxígeno, pero la arteria pulmonar transporta sangre pobre en oxígeno a los pulmones, donde recoge más oxígeno.

Vena pulmonar

La sangre rica en oxígeno regresa de los pulmones en las venas pulmonares a ambos lados del corazón.

Ventrículos

La sangre entra y sale continuamente de los ventrículos cuando el corazón se contrae.

¿Cómo se mueve la sangre por todo el cuerpo?

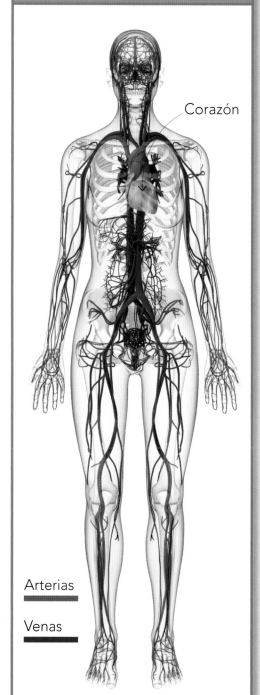

Corazón

Arterias

Venas

Vasos sanguíneos

La sangre viaja por una red de tubos, los vasos sanguíneos. Los que la llevan desde el corazón hacia el resto del cuerpo se llaman arterias. Los que la llevan hacia el corazón se llaman venas.

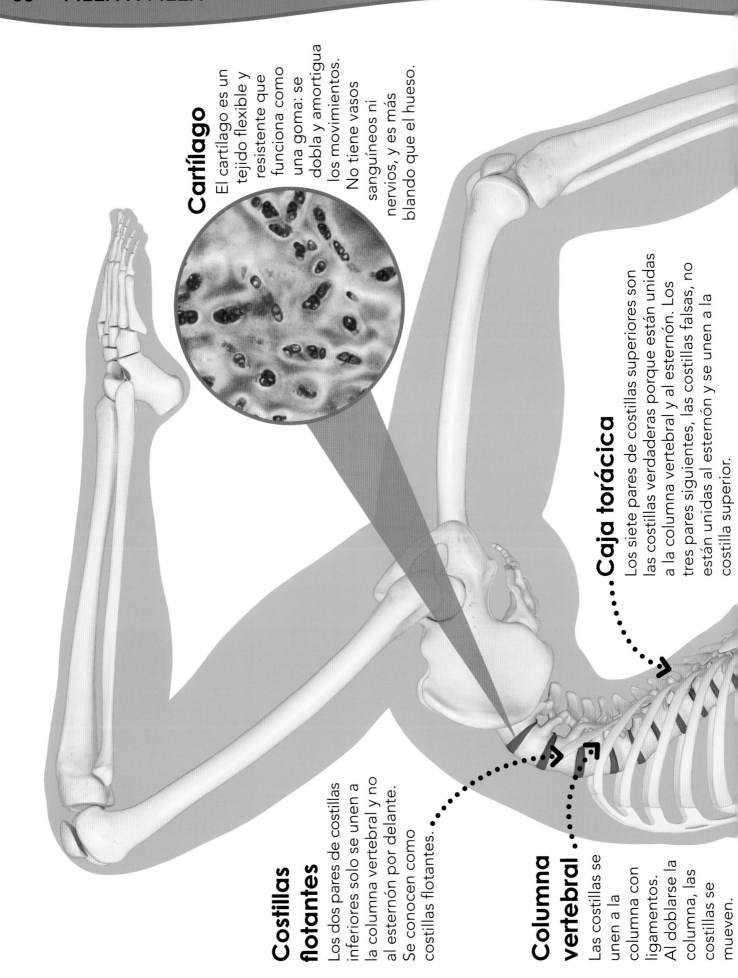

Cartílago

El cartílago es un tejido flexible y resistente que funciona como una goma: se dobla y amortigua los movimientos. No tiene vasos sanguíneos ni nervios, y es más blando que el hueso.

Caja torácica

Los siete pares de costillas superiores son las costillas verdaderas porque están unidas a la columna vertebral y al esternón. Los tres pares siguientes, las costillas falsas, no están unidas al esternón y se unen a la costilla superior.

Costillas flotantes

Los dos pares de costillas inferiores solo se unen a la columna vertebral y no al esternón por delante. Se conocen como costillas flotantes.

Columna vertebral

Las costillas se unen a la columna con ligamentos. Al doblarse la columna, las costillas se mueven.

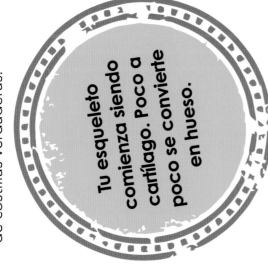

Esternón

El esternón es un hueso plano en la parte delantera del pecho. A él se unen los 10 pares de costillas verdaderas.

Tu esqueleto comienza siendo cartílago. Poco a poco se convierte en hueso.

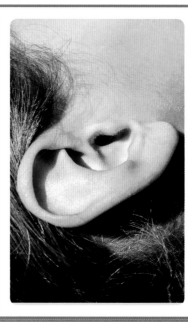

¿Qué otras partes del cuerpo son flexibles?

Las orejas y la nariz están hechas de cartílago. Por ello mantienen su forma, pero puedes moverlas y doblarlas.

¿Son flexibles las costillas?

No. Las costillas no se doblan, porque están unidas a secciones de cartílagos fuertes y flexibles que permiten a la caja torácica inflar los pulmones al respirar. Esta cavidad está compuesta por 12 pares de huesos que protegen el corazón y los pulmones.

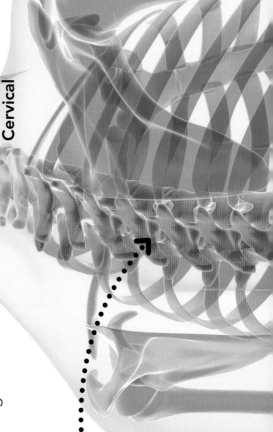

Cervical

¿Cómo encaja mi columna?

La columna vertebral está formada por círculos óseos o vértebras unidos entre sí por ligamentos flexibles. Las vértebras tienen entre ellas unos cojines llamados discos, formados por un tejido duro pero flexible, el cartílago.

Cuatro regiones

La columna vertebral está compuesta por cuatro regiones. La cervical forma tu cuello y sostiene la cabeza. Más abajo está la región torácica, que se une a tu tórax. Luego está la lumbar, que soporta la mayor parte de tu peso. La última es la región sacra y el coxis.

Médula espinal

La médula espinal está en un túnel formado por las vértebras. Conecta el cerebro con el resto del cuerpo con señales eléctricas transmitidas por los nervios que entran y salen a través de las vértebras.

¿Qué grosor tiene la médula espinal?

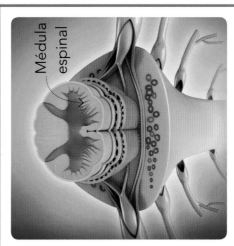

Médula espinal

La médula espinal tiene el grosor aproximado de tus dedos y encaja perfectamente en las vértebras de la columna vertebral. Contiene miles de millones de nervios y capas de membrana y fluido que la protegen.

Nervios espinales

Algunas señales eléctricas nunca llegan al cerebro y solo alcanzan la médula espinal. Entran en la médula espinal a través de los nervios espinales, que viajan hacia y desde algunas partes del cuerpo.

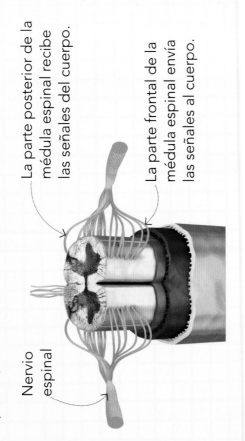

Nervio espinal

La parte posterior de la médula espinal recibe las señales del cuerpo.

La parte frontal de la médula espinal envía las señales al cuerpo.

Articulaciones flexibles

Doblas la espalda gracias a unas articulaciones entre tus vértebras. Los ligamentos lo mantienen todo en su lugar y los discos entre las vértebras actúan como amortiguadores.

Vértebras

La mayoría de las vértebras se mueven cuando mueves cuerpo. Sin embargo, hay 10 en la base de la columna que no pueden moverse, incluido el hueso del coxis.

Lumbar

Sacra

Coxis

? Test rápido

1. ¿Qué hay entre las vértebras de la columna?

2. ¿Cómo se protege la médula espinal?

Respuestas en pp. 132-133

La respiración de las plantas

Las plantas obtienen energía de la descomposición del azúcar cuando respiran tomando oxígeno, y fabrican su alimento con la fotosíntesis.

Fotosíntesis

Las plantas necesitan la luz solar para producir azúcar a partir del dióxido de carbono del aire. Las plantas también requieren agua del suelo. La fotosíntesis libera el oxígeno de la planta que tú necesitas para respirar.

Estomas

Hojas, tallos, raíces y flores de las plantas tienen pequeñas aberturas: los estomas. Cuando se abren, entran y salen gases en la respiración y la fotosíntesis.

Abierto

Cerrado

¿Por qué necesitamos las plantas para respirar?

Al respirar, absorbes un gas llamado oxígeno y liberas otro gas, el dióxido de carbono. A través del proceso de la fotosíntesis, las plantas producen oxígeno. Cuando respiran, plantas y animales utilizan el oxígeno para generar energía.

Inspiras y espiras unas 20 000 veces al día.

Respiración humana

Es muy parecida a la de las plantas, aunque nosotros tomamos oxígeno con los pulmones y no podemos fabricar azúcar a partir de la luz solar. El azúcar procede de los alimentos. La mezcla de oxígeno y azúcar produce la energía que el cuerpo necesita.

Tráquea

Nariz y boca

El aire entra y sale por dos orificios: la nariz y la boca.

Pulmones

Inspiras y espiras al hinchar y deshinchar los pulmones. El aire va por la tráquea a los pulmones y entra en unas pequeñas bolsas llamadas alvéolos.

Alvéolos

Al inspirar, el oxígeno llena los alvéolos. La sangre toma este oxígeno y lo envía por todo el cuerpo. El dióxido de carbono pasa a la sangre y vuelve a los alvéolos para ser liberado al espirar.

Alvéolos

Sangre

El dióxido de carbono pasa de la sangre a los alvéolos.

El oxígeno pasa de los alvéolos a la sangre.

? ¿Cierto o falso?

1. Las plantas toman oxígeno y liberan dióxido de carbono en la fotosíntesis.

2. Los alvéolos están en el intestino delgado.

3. Nosotros respiramos para tomar oxígeno y eliminar dióxido de carbono.

Respuestas en pp. 132-133

¿Cómo controla el cerebro las emociones?

Tu cerebro tiene cuatro áreas que controlan tus emociones y hacen que comprenda qué ocurre a tu alrededor y produzca emociones. Estas te permiten responder a distintas situaciones.

El hipotálamo también controla la temperatura de tu cuerpo.

Córtex prefrontal

El córtex prefrontal está situado en la parte frontal del cerebro e interviene en el pensamiento, la resolución de problemas y el aprendizaje. Ayuda a juzgar qué ocurre a tu alrededor para que planifiques tu respuesta.

¿Qué son los reflejos?

Algunos movimientos del cuerpo, como parpadear, se producen de forma automática para protegerte, y se llaman reflejos. La señal de movimiento va directa al cerebro y vuelve a los músculos sin que te des cuenta.

Hipotálamo

Esta pequeña parte del cerebro tiene varias funciones. Puede producir respuestas emocionales, frenar emociones y también liberar señales químicas que preparan tu cuerpo para responder a algo.

Amígdala

La amígdala te permite sentir emociones que indican peligro, miedo e ira. Estas emociones son útiles para reconocer el peligro, pero también pueden producirse cuando algo no es tan peligroso como parece.

Respuestas personales

Tus emociones ante distintas situaciones dependen de tus recuerdos y reacciones ante un hecho concreto. Por ejemplo, puedes alegrarte al ver un perro, pero otra persona quizá sienta miedo.

Control del cuerpo

El lado izquierdo del cerebro controla el lado derecho del cuerpo, y el lado derecho controla el izquierdo. Cada parte del cuerpo está controlada por un área distinta del cerebro.

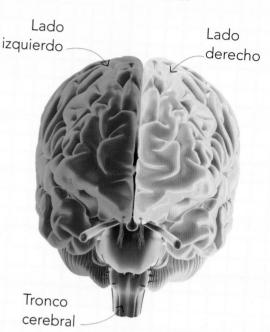

Lado izquierdo

Lado derecho

Tronco cerebral

Hipocampo

Esta zona te ayuda a encontrar los recuerdos cuando los necesitas. Tus recuerdos constituyen gran parte de tus respuestas emocionales.

? Test rápido

1. ¿Qué área del cerebro te ayuda a recordar?

2. ¿Cuántas áreas del cerebro trabajan juntas para controlar tus emociones?

Respuestas en pp. 132-133

¿Por qué no me duele cortarme las uñas?

La punta de las uñas está formada por células muertas endurecidas. Como no tiene ni nervios ni vasos sanguíneos, no te duele al cortarla. Las células de las uñas crecen a partir de la piel y, como esta, están hechas de una proteína resistente e impermeable llamada queratina.

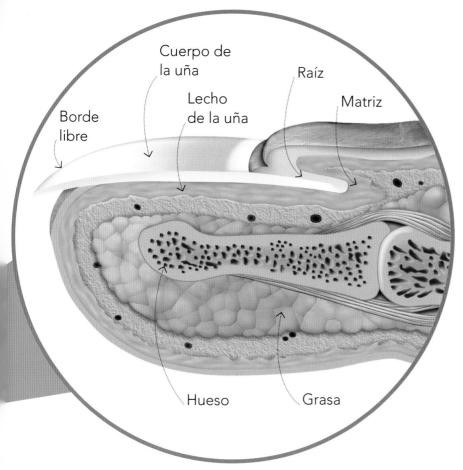

Cuerpo de la uña

Raíz

Lecho de la uña

Matriz

Borde libre

Hueso

Grasa

Partes de una uña

Las uñas tienen una raíz, un cuerpo y un borde libre. Detrás de la raíz hay una zona denominada matriz de la que crecen nuevas células vivas. Las células viejas son empujadas hacia delante sobre el lecho de la uña, formado por piel. A medida que la uña crece, las células viejas mueren.

¿Dónde más tengo queratina?

Cabello

Como las uñas, el pelo crece a partir de la piel. Las células vivas del folículo piloso, o raíz, contienen queratina y empujan el pelo hacia fuera. Al crecer, las células mueren y en la raíz se forman nuevas.

Piel

Las células de la piel se unen en capas. En la parte superior hay una capa de células muertas con queratina. Estas se desprenden cuando la piel se descama y crecen nuevas células.

Queratina

Las uñas son células aplanadas y muertas llenas de queratina. Al crecer, las células forman finas placas superpuestas. Así, las uñas son duras y fuertes.

Células de queratina

? Test rápido

1. ¿De qué son las uñas?

2. ¿Qué parte de la uña está detrás de la raíz?

3. ¿Las uñas crecen más rápido en verano o en invierno?

Respuestas en pp. 132-133

¿Por qué los dientes son distintos?

Tienes tres tipos de dientes para que puedas masticar diferentes alimentos. Los dientes de leche aparecen cuando tienes unos seis meses. Hacia los 6 años, estos caen empujados por los dientes permanentes. Cuando hayas crecido del todo, tendrás 32 dientes.

Molares y premolares

Los adultos tienen 8 premolares y 12 molares en la parte posterior de cada mandíbula. Estos dientes aplastan y trituran los alimentos para tragarlos.

Caninos

Tienes 4 caninos, 2 en cada mandíbula. Están a ambos extremos de los incisivos. Los caninos son puntiagudos para agarrar y arrancar trozos de comida.

Canino

Tercer molar

Segundo molar

Primer molar

? ¿Cierto o falso?

1. Los molares tienen las raíces más anchas.

2. Gracias al esmalte, tus dientes parecen blancos.

3. Naces con 32 dientes.

Respuestas en pp. 132-133

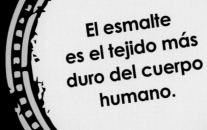

El esmalte es el tejido más duro del cuerpo humano.

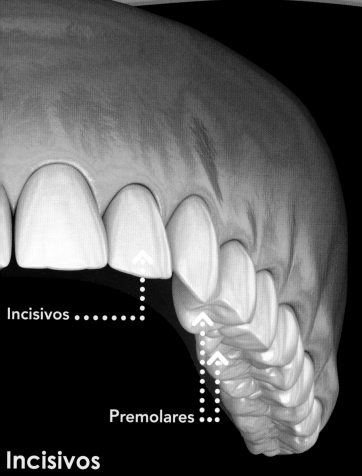

Incisivos · · · · · · ·

Premolares · · ·

Incisivos

Tienes 8 incisivos: 4 en cada mandíbula. Están en la parte delantera de la boca, y trituran y cortan los alimentos. Cuando muerdes algo grande, como una manzana, los incisivos separan un trozo.

¿Cómo son por dentro?

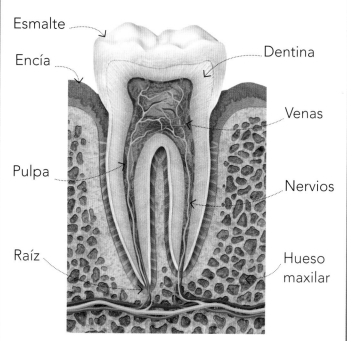

Esmalte

Encía

Dentina

Venas

Pulpa

Nervios

Raíz

Hueso maxilar

Los dientes están protegidos por una capa dura externa de esmalte. Bajo esta capa, un tejido llamado dentina constituye la mayor parte del diente. En su interior hay un tejido vivo, la pulpa, que contiene vasos sanguíneos y nervios. Los nervios ayudan al diente a detectar el dolor.

Debajo de la encía

Cada diente tiene una corona y una raíz. La corona es la parte superior, la que se ve en la boca. La raíz está debajo de la encía y ancla el diente al hueso maxilar. La raíz está recubierta de un tejido similar al hueso llamado cemento.

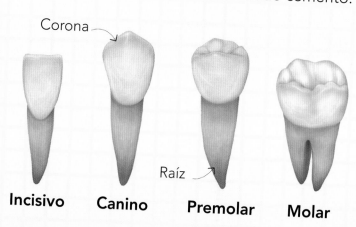

Corona

Raíz

Incisivo   **Canino**   **Premolar**   **Molar**

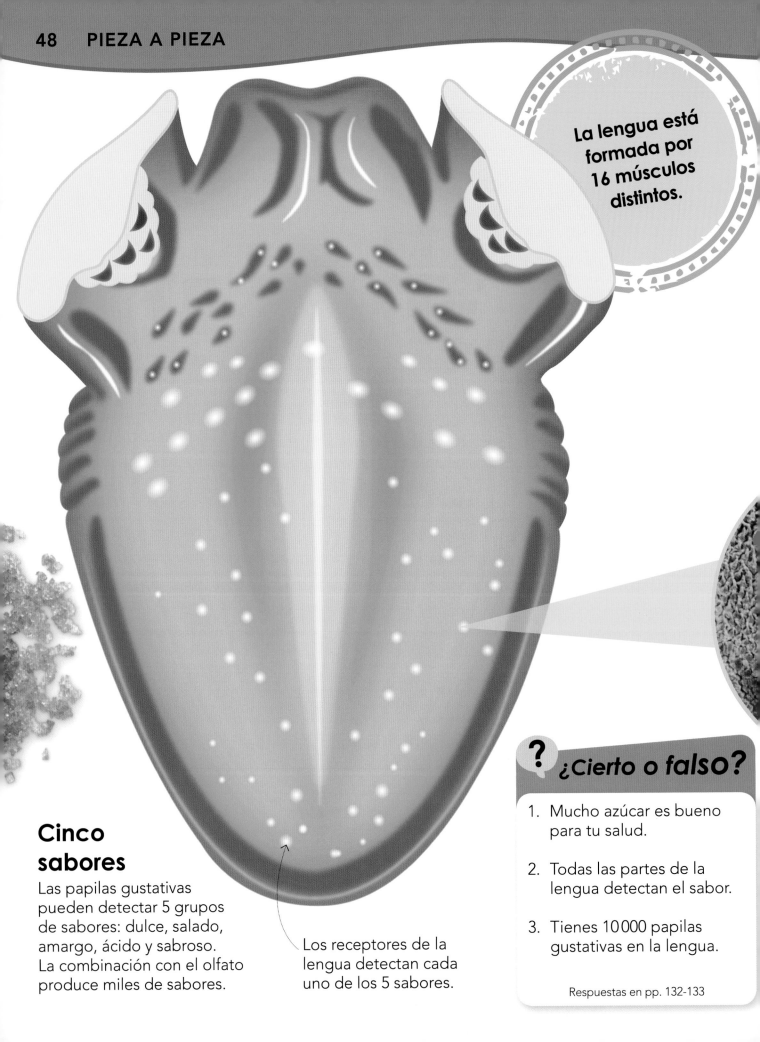

La lengua está formada por 16 músculos distintos.

Cinco sabores

Las papilas gustativas pueden detectar 5 grupos de sabores: dulce, salado, amargo, ácido y sabroso. La combinación con el olfato produce miles de sabores.

Los receptores de la lengua detectan cada uno de los 5 sabores.

? ¿Cierto o falso?

1. Mucho azúcar es bueno para tu salud.

2. Todas las partes de la lengua detectan el sabor.

3. Tienes 10000 papilas gustativas en la lengua.

Respuestas en pp. 132-133

¿Por qué el azúcar es dulce?

Las papilas gustativas son sensores de la lengua que detectan el azúcar de los alimentos cuando se disuelve en la saliva. El cerebro reconoce el sabor del azúcar como dulce y libera sustancias químicas que te hacen sentir bien. Pero un exceso de azúcar es perjudicial.

¿Se relacionan el olor y el sabor?

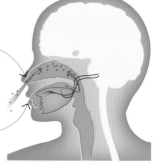

La nariz detecta el olor

La lengua detecta el sabor

Al masticar, partículas olfativas llegan a la nariz desde el aire y la parte posterior de la boca. Se disuelven en la mucosidad y los sensores de la nariz envían la información al cerebro, que se une a la remitida por las papilas gustativas. Este proceso permite distinguir los diferentes sabores.

Punta de la lengua

La lengua está cubierta de pequeñas protuberancias, llamadas papilas, hay tres tipos: las grandes están llenas de papilas gustativas que detectan distintos sabores; las dos más pequeñas mueven los alimentos dentro de la boca.

La mayoría de las papilas de la lengua son pequeñas y puntiagudas. Detectan la temperatura y la textura de los alimentos.

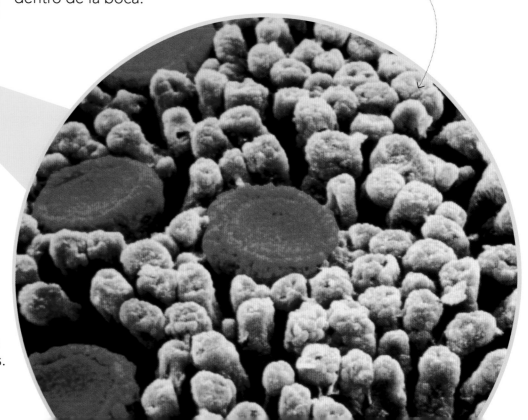

Papilas

Al comer, los alimentos se mezclan con la saliva e inundan las papilas gustativas, que envían información al cerebro a través de células nerviosas.

Piel sensible

Los sensores de tu piel sienten calor, dolor, tacto y presión. Las células nerviosas de la piel envían señales de estos sensores al cerebro. Cuando se ejerce presión sobre la piel durante mucho tiempo esta zona se entumece.

Entumecimiento

Si te arrodillas o cruzas las piernas, comprimes los nervios del pie y no pueden enviar mensajes al cerebro. Esto significa que tienes sensaciones raras y se dice que tienes el pie dormido.

¿Por qué se me duerme el pie?

Cuando los nervios que transmiten señales de la piel de tu pie están comprimidos, no pueden enviarlas al cerebro. Esto hace que el pie se entumezca. Al relajarse, los nervios tardan un tiempo en volver a enviar las señales al cerebro y en que recuperes la sensibilidad del pie.

? ¡Qué imagen!

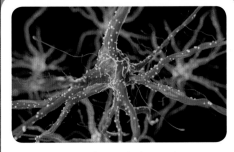

¿Qué tipo de célula es?

Respuestas en pp. 132-133

El término médico para referirse a un pie dormido es «parestesia transitoria».

Hormigueo

A medida que se libera la presión de tu pie, los nervios vuelven a funcionar y van recuperando la sensibilidad. Esta sensación es un poco molesta y suele llamarse hormigueo.

¿Por qué tengo calambres?

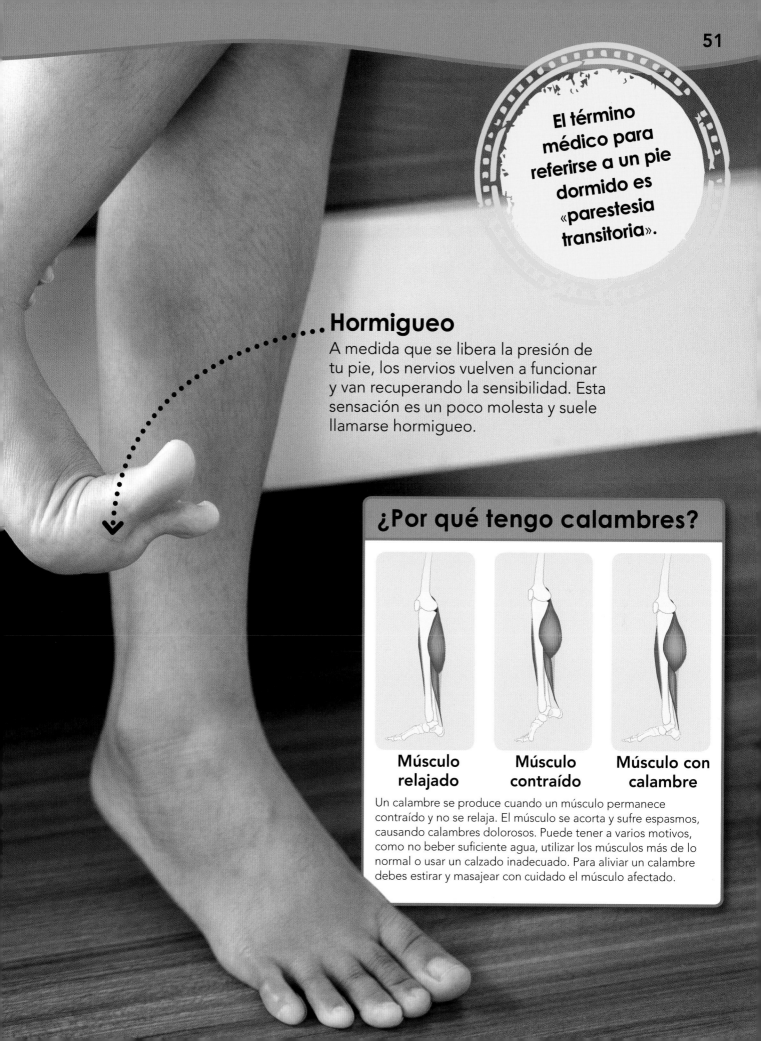

Músculo relajado

Músculo contraído

Músculo con calambre

Un calambre se produce cuando un músculo permanece contraído y no se relaja. El músculo se acorta y sufre espasmos, causando calambres dolorosos. Puede tener a varios motivos, como no beber suficiente agua, utilizar los músculos más de lo normal o usar un calzado inadecuado. Para aliviar un calambre debes estirar y masajear con cuidado el músculo afectado.

Cómo funciona

Tu cuerpo está siempre en marcha, incluso al dormir. El cerebro recibe información de tu entorno y el cuerpo reacciona a ella. Cuando oscurece, tus pupilas se agrandan, si tienes gases en el estómago, eructas, y si vives algo nuevo, tu cerebro lo guarda como un recuerdo.

¿Cómo noto las cosas suaves?

La piel es un órgano sensorial y tiene unos sensores que perciben la presión, el dolor, la temperatura, el movimiento e incluso el tacto más leve. Las zonas con muchos sensores se llaman receptores. Los dedos y las manos tienen muchos receptores táctiles.

Tacto ligero

Los distintos receptores del tacto permiten sentir cosas diferentes. Así, el corpúsculo de Meissner y el disco de Merkel son unos receptores que detectan el tacto suave y la presión leve.

Los folículos pilosos pueden sentir cosas porque tienen nervios unidos a ellos.

¿Cómo puedo leer con los dedos?

El braille es un alfabeto que permite leer a las personas ciegas. Cada letra tiene un patrón distinto de puntos en relieve. Como las yemas de los dedos son muy sensibles, pueden sentir los puntos en relieve y descifrar las letras.

Envío de señales

Los receptores son unas células nerviosas que envían señales eléctricas al cerebro para que este pueda decirte lo que estás tocando.

Corpúsculos de Meissner

Están situados justo debajo de la capa superior de la piel, en zonas sin pelo, como los labios, las yemas de los dedos, las palmas de las manos, los párpados y las plantas de los pies, que son muy sensibles al tacto.

Discos de Merkel

Estas células en forma de disco son unos nervios que están conectados a las células de la piel cerca de la superficie, en zonas que tienen vello corporal.

? Test rápido

1. ¿Cómo se llaman las zonas con muchos sensores?

2. ¿Con qué alfabeto pueden leer las personas ciegas?

Respuestas en pp. 132-133

¿Cómo respiro?

Al inspirar, los músculos del diafragma y las costillas se contraen. Esto aumenta el espacio de los pulmones y entra aire. Al espirar, los músculos se relajan y expulsan el aire de los pulmones.

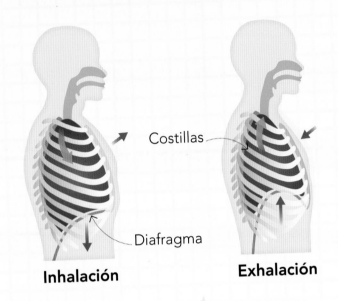

Costillas

Diafragma

Inhalación

Exhalación

Tronco encefálico

La respiración está controlada por el tronco encefálico a través del nivel de dióxido de carbono en la sangre. Cuando es demasiado alto, el cerebro envía mensajes al cuerpo para que respire con mayor rapidez.

Cavidad nasal

Este espacio de detrás de la nariz limpia el aire inspirado antes de que pase por la tráquea.

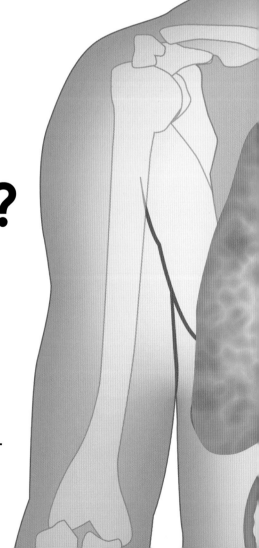

¿Por qué no me olvido de respirar?

La respiración es automática y respiras incluso cuando duermes. No necesitas pensar en ello porque tu cerebro la controla. Sin embargo, también puedes dirigir tú el cerebro y ralentizar la respiración o soplar en determinados momentos, hasta con distinta fuerza, por ejemplo cuando tocas un instrumento.

¿Qué más controla mi cerebro de forma automática?

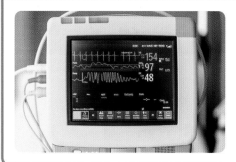

El cerebro controla el corazón y lo mantiene latiendo para bombear la sangre por el cuerpo y llevar el oxígeno de los pulmones a todos los demás órganos. También otros músculos, como los de los intestinos, funcionan de manera automática.

Tráquea

La tráquea lleva el aire a los pulmones. Se bifurca en dos conductos, uno para cada pulmón.

Caja torácica

Cuando necesitas más oxígeno y menos dióxido de carbono, el cerebro envía una señal a los músculos del tórax para que se muevan más deprisa.

Diafragma

El diafragma es un músculo que ayuda a respirar. Al inspirar, se aplana y al espirar adquiere forma de cúpula.

? Test rápido

1. ¿Por qué espiras después de contener la respiración?

2. ¿Qué le ocurre al diafragma al espirar?

3. ¿Puedes decidir cuándo hacer latir tu corazón?

Respuestas en pp. 132-133

¿Cómo salto?

Saltas porque tienes articulaciones y músculos. Las articulaciones permiten que el esqueleto se doble donde los huesos se juntan. Los músculos tiran de los huesos de las piernas y empujan el cuerpo hacia arriba.

Músculos de las piernas

Se combinan para impulsar el cuerpo hacia arriba y hacia delante para saltar, y amortiguan el aterrizaje.

Rodilla

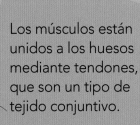

Los músculos están unidos a los huesos mediante tendones, que son un tipo de tejido conjuntivo.

Músculos

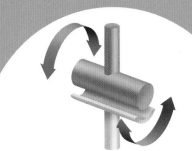

Rodilla

La articulación en bisagra de la rodilla ayuda a la parte inferior de la pierna a moverse adelante y atrás. Tiene amortiguadores, que ayudan a soportar la tensión del salto.

¿Cómo es una articulación?

En el extremo de cada hueso hay una fina capa de cartílago que permite que la articulación se mueva y no sea rígida. La membrana sinovial produce líquido sinovial, que lubrica la articulación para que se mueva con suavidad.

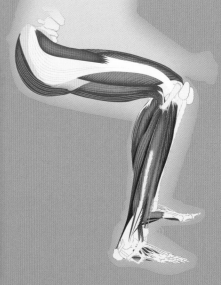

Hueso

Ligamento

Membrana sinovial

Articulación

Cartílago

Líquido sinovial

Cadera

La rodilla es la articulación más grande del cuerpo.

Los huesos están unidos entre sí por ligamentos, que son otro tipo de tejido conjuntivo.

Cadera

La articulación esférica de la cadera permite que la pierna se mueva en varias direcciones. Esto ayuda al cuerpo a moverse y ajustar el equilibrio al saltar.

?

¡Qué imagen!

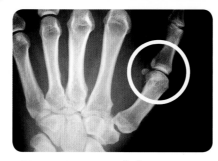

¿En qué parte del cuerpo tienes esta articulación?

Respuestas en pp. 132-133

¿Cómo me ayudan a oír los huesos?

Las ondas sonoras que llegan al oído externo viajan al tímpano, que envía las vibraciones a través de tres huesecillos del oído medio (martillo, yunque y estribo) al líquido del oído interno, donde unos sensores recogen el sonido y lo mandan al cerebro. Este descifra qué estás oyendo.

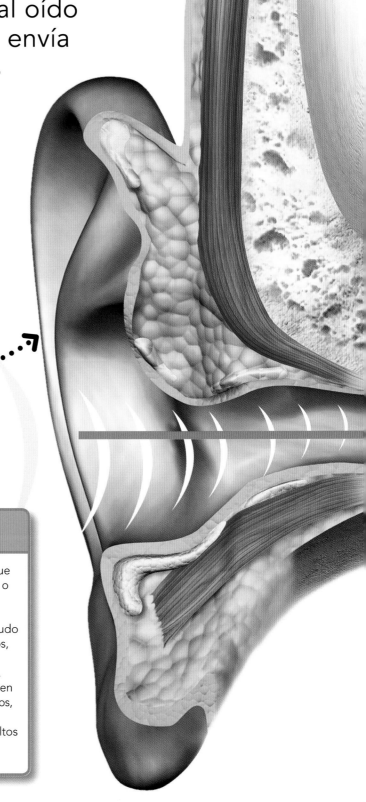

Oído externo

El pabellón auditivo, o pinna, capta las ondas sonoras cuando viajan por el aire en forma de vibraciones. Está formado por cartílagos flexibles.

¿Qué sonidos no oyes?

No puedes oír sonidos que vibran demasiado rápido o despacio para que los perciban tus oídos. Los perros oyen el sonido agudo de los silbatos para perros, que vibran demasiado rápido para los humanos. Los niños también perciben más sonidos que los adultos, como el chirrido de los murciélagos, que los adultos no pueden captar.

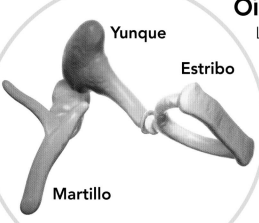

Yunque

Estribo

Martillo

Oído medio

Los tres huesecillos del oído medio se encuentran detrás del tímpano. Cuando oyes un sonido, el tímpano empuja el martillo, que a su vez impulsa el yunque y el estribo. Este efecto dominó es la forma como el sonido viaja a través de los huesos más pequeños del cuerpo.

? *¿Cierto o falso?*

1. El sonido viaja a través de un gas en el oído externo.

2. El sonido viaja a través de un fluido en el oído interno.

Respuestas en pp. 132-133

Oído interno

Los conductos semicirculares y la cóclea del oído interno están llenos de líquido. Las ondas sonoras viajan por esta sustancia hasta unos diminutos sensores en forma de pelo, llamados receptores.

Conductos semicirculares

Receptores

Diminutos receptores pilosos del oído interno envían señales eléctricas al cerebro a través del nervio auditivo.

En la cóclea

Las células pilosas del oído se mueven cuando las atraviesan vibraciones sonoras y transforman el sonido en señales eléctricas.

Tímpano

Este diminuto tambor se compone de un disco con una membrana estirada encima. Cuando le llega un sonido, vibra y golpea el martillo, y hace que se muevan los demás huesecillos.

Pupila contraída

Cuando hay mucha luz, los círculos internos de los músculos del iris se contraen hacia dentro reduciendo el tamaño de la pupila. Ocurre de forma automática para evitar que entre demasiada luz en los ojos.

Músculo circular interior contraído

Pupila dilatada

Cuando hay poca luz, los músculos externos del iris se contraen y tiran del iris hacia fuera. Esto dilata –o expande– la pupila y permite que entre más luz para ver mejor.

¿Por qué la pupila cambia de tamaño?

Las pupilas son orificios por los que la luz entra en los ojos para poder ver. El círculo de color que rodea la pupila se llama iris. Tiene dos músculos que se contraen en respuesta a los cambios de luz y modifican el tamaño de las pupilas: el músculo circular interior y el músculo radial exterior.

El ojo contiene el 70 por ciento de los receptores sensoriales de tu cuerpo.

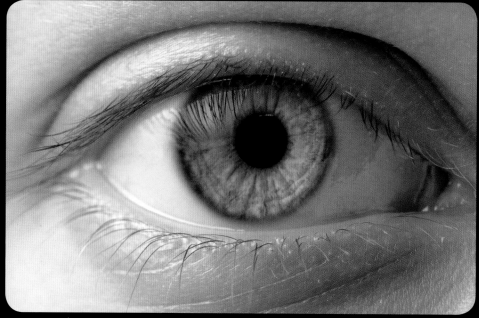

Pupila normal

Con luz suave, ambos anillos musculares del iris se contraen un poco al mismo tiempo. Este equilibrio mantiene el iris y la pupila en su forma normal.

Músculo exterior contraído

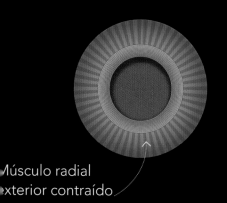

Músculo radial exterior contraído

Músculo interior contraído

¿Cómo veo en 3D?

La luz se refleja en los ojos a partir de los objetos. Las células receptoras de la parte posterior de cada ojo detectan la luz y envían señales al cerebro. Cada ojo envía una señal algo distinta y las señales eléctricas generadas por ambos ojos se combinan en el cerebro y este crea una imagen en 3D.

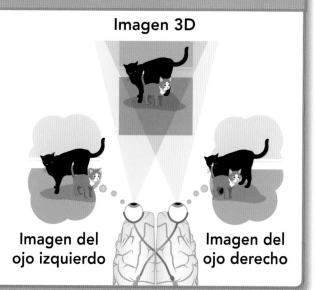

Imagen 3D

Imagen del ojo izquierdo

Imagen del ojo derecho

? Test rápido

1. ¿Por qué las pupilas se empequeñecen al mirar una luz brillante?

2. ¿Cómo se llama el círculo que rodea la pupila?

3. ¿Qué le ocurre a la pupila cuando está oscuro?

Respuestas en pp. 132-133

¿Cómo mantengo el equilibrio?

Mantienes el equilibrio cuando tu cerebro recibe información de los órganos sobre dónde está cada parte de tu cuerpo. Los órganos sensoriales y los músculos te ayudan a moverte y a mantener el equilibrio, venciendo la fuerza de la gravedad.

Dentro del oído

Tres pequeños canales (conductos semicirculares), contienen un fluido que se desplaza al mover la cabeza.

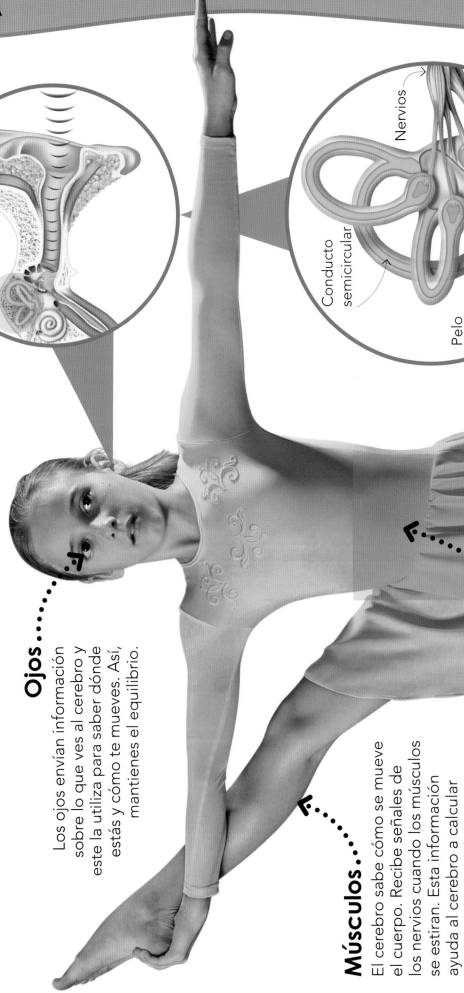

Nervios

Conducto semicircular

Pelo sensorial

Ojos

Los ojos envían información sobre lo que ves al cerebro y este la utiliza para saber dónde estás y cómo te mueves. Así, mantienes el equilibrio.

Músculos

El cerebro sabe cómo se mueve el cuerpo. Recibe señales de los nervios cuando los músculos se estiran. Esta información ayuda al cerebro a calcular cómo desplazar el peso para mantener el equilibrio.

Centro de gravedad

Tu cuerpo está atravesado por una línea invisible, que te ayuda a mantener el equilibrio. Se llama centro de gravedad y mueves tu cuerpo de forma automática a su alrededor para no caerte.

Órganos del equilibrio

El movimiento del fluido en los conductos semicirculares del oído es detectado por diminutos sensores similares a pelos. Estos sensores envían señales eléctricas al cerebro a través de los nervios. El cerebro calcula y ajusta el movimiento del cuerpo para mantener el equilibrio.

Gravedad

Esta fuerza invisible atrae todo hacia la tierra, incluido tú, e impide que salgas flotando.

Sensores de presión

Tu piel tiene sensores llamados receptores. Perciben el tacto, la temperatura y el movimiento. Por esto puedes sentir el suelo y equilibrar el peso de tu cuerpo.

¿Se desplaza mi centro de gravedad?

Agacharse

Al agacharte, tu centro de gravedad se desplaza hacia delante. Sacas las nalgas para desplazar el peso del cuerpo hacia atrás y no caerte.

Levantarse

Al levantarte, tu centro de gravedad pasa por el centro de tu cuerpo para que puedas equilibrarte en esta posición.

❓ ¿Cierto o falso?

1. Los órganos del equilibrio están en el cerebro.

2. Si cierras los ojos no mantendrás el equilibrio.

3. Tu centro de gravedad puede moverse.

Respuestas en pp. 132-133

¿Por qué las bebidas heladas no me enfrían todo el cuerpo?

El cerebro controla la temperatura de tu cuerpo por dentro y por fuera. Cuando esta sube o baja, el cerebro reacciona y envía señales a los órganos para que hagan cambios y la temperatura corporal vuelva a un nivel saludable de 37 °C.

Movimiento del calor

El calor va en un solo sentido: de caliente a frío. Solo el calor se mueve. Si algo está frío, es porque el calor lo ha abandonado.

El calor pasa de la lengua al polo.

El calor pasa de la bebida caliente a tus manos.

Piel

Al tocar algo frío, los vasos sanguíneos de la piel se contraen, con lo que llega menos sangre a la piel, ayudando al cuerpo a mantener el calor. Los pelos de la piel se erizan para atrapar el aire caliente al bajar la temperatura corporal.

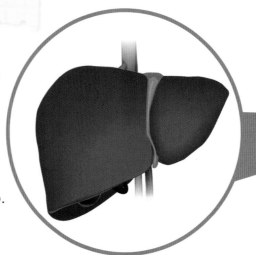

Calor interno

El hígado genera mucho calor cuando contribuye a descomponer los alimentos. La sangre transporta este calor por todo el cuerpo y así mantiene la temperatura corporal al beber algo frío.

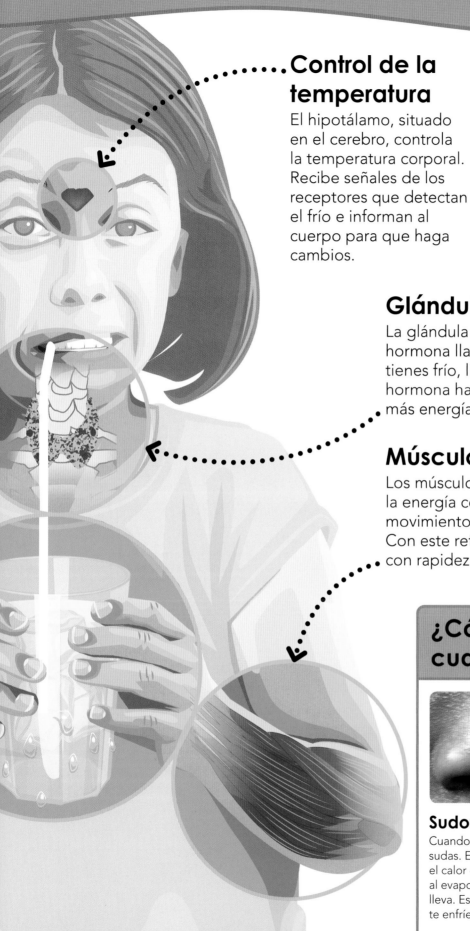

Control de la temperatura

El hipotálamo, situado en el cerebro, controla la temperatura corporal. Recibe señales de los receptores que detectan el frío e informan al cuerpo para que haga cambios.

? Test rápido

1. ¿En qué dirección se mueve el calor?

2. ¿Qué parte del cuerpo controla la temperatura?

Respuestas en pp. 132-133

Glándula tiroides

La glándula tiroides produce una hormona llamada tiroxina. Cuando tienes frío, libera más cantidad. Esta hormona hace que tus células usen más energía y emitan calor.

Músculos

Los músculos emiten calor al transformar la energía contenida en los alimentos en movimiento. Si tienes mucho frío, tiemblas. Con este reflejo, los músculos se contraen con rapidez y se genera más calor.

¿Cómo me enfrío cuando hace calor?

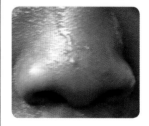

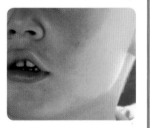

Sudor

Cuando tienes calor, sudas. El sudor aleja el calor de la piel, y al evaporarse se lo lleva. Esto hace que te enfríes.

Rubor

Al sentir calor, los vasos sanguíneos de la piel se dilatan, aumentando el riego sanguíneo de su superficie, para que la sangre se enfríe. Suelen aparecer manchas rojas en la cara.

Por la noche

Durante el día, la gravedad empuja tu cuerpo hacia abajo, desde la cabeza hasta los dedos de los pies, y aplasta la columna vertebral. Al final del día, mides 2 cm menos que al levantarte.

Vértebras de la columna

Cuando te pones de pie, las vértebras de la columna vertebral se apilan en vertical unas sobre otras. A medida que la gravedad tira de tu cuerpo a lo largo del día, el cartílago flexible en los discos entre las vértebras se aplasta y te vas encogiendo.

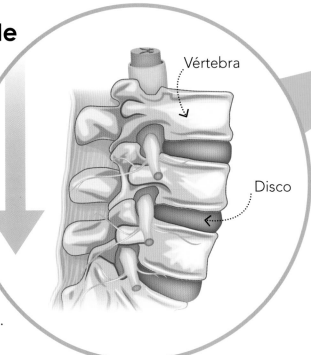

Vértebra

Disco

¿Soy más alto por la mañana?

Sí. A lo largo del día, la fuerza de la gravedad tira de tu cuerpo hacia abajo cuando caminas, te sientas o estás de pie. Esta te hace ser más bajo, ya que tu columna se aplasta. Por la noche, cuando te vas a dormir, la columna se estira porque te tumbas. Por la mañana, vuelves a ser un poco más alto.

---

130 cm

120 cm

110 cm

100 cm

90 cm

80 cm

70 cm

60 cm

50 cm

40 cm

30 cm

20 cm

10 cm

0 cm

Por la mañana

Te levantas más alto por la mañana, porque tus músculos se relajan y tu columna se extiende hasta su longitud normal. La gravedad te mantiene en la cama mientras duermes y no acorta tu columna porque estás tumbado.

? ¿Cierto o falso?

1. En el espacio, las personas son más altas.

2. Encoges por la noche.

3. Tu columna se encoge al hacerte mayor.

Respuestas en pp. 132-133

¿Nos encogemos con la edad?

Con la edad, los huesos de la columna se hacen más pequeños y el cartílago de los discos se desgasta. Como el cartílago ocupa menos espacio, encoges de tamaño, reduciendo la altura y doblando la columna. Cuando te pones de pie, parece que estás encorvado.

¿Qué es la gravedad?

La gravedad es una fuerza que, cuando empleas tus músculos y articulaciones para saltar, te tira hacia abajo e impide que flotes o salgas volando.

¿Cómo recuerdo las cosas?

Los recuerdos se forman cuando unas células llamadas neuronas se conectan entre sí y almacenan un patrón en el cerebro. Cuando recuerdas algo, se envían señales eléctricas entre las neuronas con el mismo patrón que cuando creaste el recuerdo.

¿Qué otros tipos de memoria tengo?

De trabajo
Esta memoria a corto plazo, te ayuda a recordar las cosas justo después de aprenderlas, como tu lista de tareas.

Semántica
Contribuye a recordar hechos no relacionados contigo, como cuándo se construyó un castillo.

Episódica
Esta memoria consiste en recordar cómo te sentiste en ciertos momentos, por ejemplo, en tu cumpleaños.

Implícita
Este tipo de memoria se basa en la información que recuerdas inconscientemente, como ir en bici.

Memoria procedimental

Aprender
Cuando aprendes una nueva habilidad, como chutar un balón, utilizas un tipo de memoria llamada memoria procedimental. Se crea un nuevo circuito entre las neuronas del cerebro y las señales eléctricas saltan entre ellas.

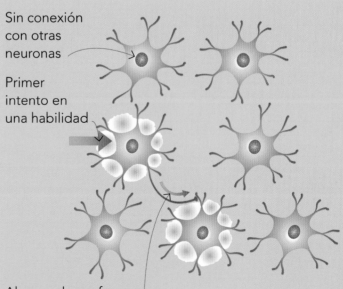

Sin conexión con otras neuronas

Primer intento en una habilidad

Al aprender se forman nuevos circuitos entre neuronas.

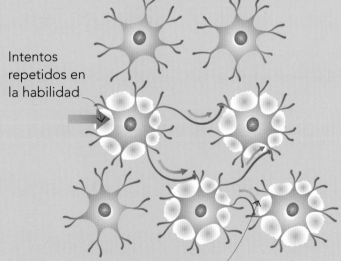

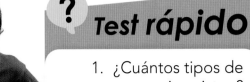

? Test rápido

1. ¿Cuántos tipos de memoria existen?

2. ¿Qué células almacenan patrones de memoria?

3. ¿Qué tipo de memoria nos hace recordar las emociones?

Respuestas en pp. 132-133

Practicar

Cuando practicas una nueva habilidad, se repite el patrón de neuronas y señales eléctricas. Recuerdas qué va bien y mal para realizar esta nueva habilidad. Mueves los músculos basándote en estos recuerdos.

Intentos repetidos en la habilidad

Al practicar, se crean conexiones nuevas entre neuronas en el patrón.

Recordar

Cada vez que repites cualquier habilidad aprendida, mejoras. Tus neuronas también mejoran al repetir el patrón correcto. Esto ayuda a reducir el número de veces que cometes un error y así recuerdas cómo hacerlo bien.

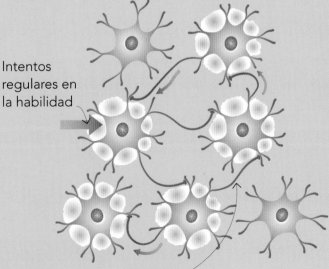

Intentos regulares en la habilidad

El patrón neuronal existente se repite al recordar la habilidad.

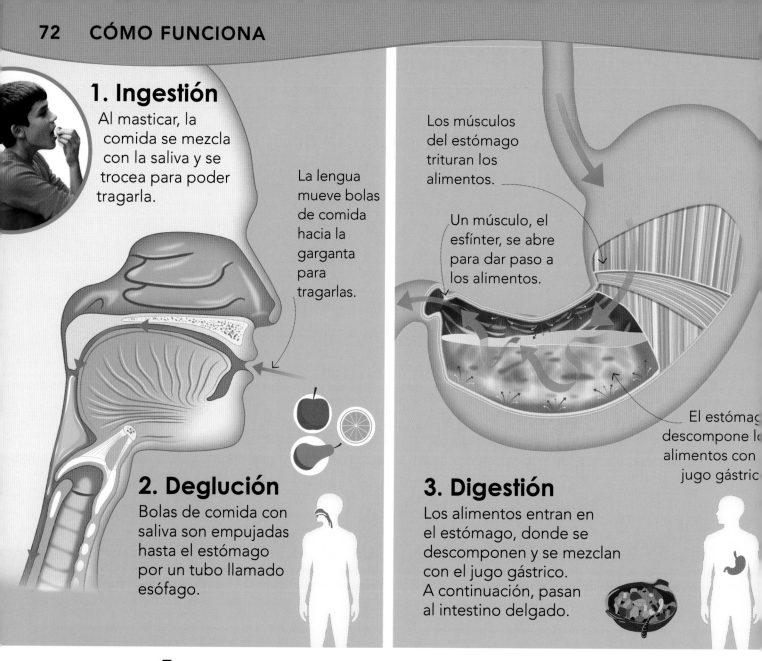

1. Ingestión

Al masticar, la comida se mezcla con la saliva y se trocea para poder tragarla.

La lengua mueve bolas de comida hacia la garganta para tragarlas.

Los músculos del estómago trituran los alimentos.

Un músculo, el esfínter, se abre para dar paso a los alimentos.

El estómag[o] descompone l[os] alimentos con jugo gástric[o]

2. Deglución

Bolas de comida con saliva son empujadas hasta el estómago por un tubo llamado esófago.

3. Digestión

Los alimentos entran en el estómago, donde se descomponen y se mezclan con el jugo gástrico. A continuación, pasan al intestino delgado.

¿Qué ocurre con los alimentos?

Tu comida hace un viaje de dos días desde la boca hasta el ano. Este proceso se llama digestión. Los alimentos son empujados a lo largo del tubo digestivo y descompuestos con la ayuda de unas sustancias químicas llamadas enzimas. Los nutrientes y el agua de los alimentos pasan a la sangre y los desechos son expulsados del organismo.

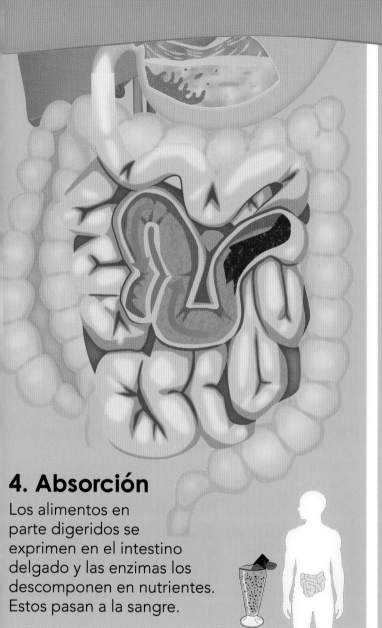

4. Absorción

Los alimentos en parte digeridos se exprimen en el intestino delgado y las enzimas los descomponen en nutrientes. Estos pasan a la sangre.

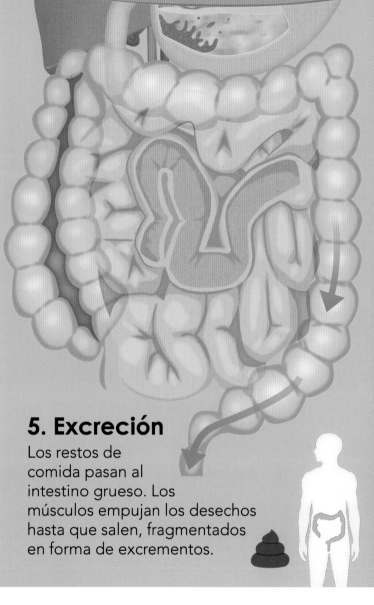

5. Excreción

Los restos de comida pasan al intestino grueso. Los músculos empujan los desechos hasta que salen, fragmentados en forma de excrementos.

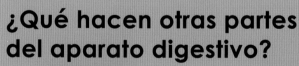

¿Qué hacen otras partes del aparato digestivo?

Apéndice

El apéndice puede almacenar bacterias buenas y contiene células que combaten infecciones.

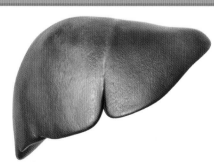

Hígado

Produce sustancias químicas y enzimas que aceleran la digestión. Usa la bilis de la vesícula biliar para descomponer las grasas. También limpia la sangre.

? Test rápido

1. ¿Qué ayuda a hacer la bilis?

2. ¿Cuánto tarda la comida en pasar a través del cuerpo?

Respuestas en pp. 132-133

¿Por qué no respiramos bajo el agua?

Para vivir, los seres vivos necesitan oxígeno, que obtienen de distintos modos. Los peces respiran bajo el agua con unos órganos llamados branquias, que toman oxígeno del agua. Nosotros tenemos pulmones que aspiran oxígeno del aire. Esto significa que tus pulmones no funcionan bajo el agua.

Burbujas

También bajo el agua puedes exhalar aire, haciendo burbujas. Esto te ayuda a eliminar gases residuales, como dióxido de carbono.

Las branquias

Un pez aspira agua por la boca mientras nada. A medida que el agua pasa por las branquias, toman oxígeno del agua y liberan dióxido de carbono desde el cuerpo.

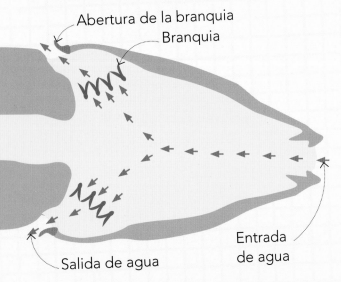

Abertura de la branquia

Branquia

Salida de agua

Entrada de agua

Vista superior de un pez

¡Qué imagen!

¿Qué animal puede respirar a través de los pulmones y de la piel?

Respuestas en pp. 132-133

Aguantar la respiración

No puedes respirar bajo el agua, pero sí aguantar la respiración hasta llegar a la superficie. La mayoría de la gente puede aguantar al menos 30 segundos.

¿Qué otros animales tienen branquias?

Cangrejos

Estas criaturas respiran bajo el agua mediante branquias. Cuando salen del agua, siguen usando las branquias para respirar. Solo necesitan mantenerlas húmedas para absorber oxígeno del aire.

Moluscos acuáticos

Caracoles y almejas usan branquias para absorber el oxígeno del agua y pasarlo a su sangre. La mayoría de los caracoles de agua tienen una sola branquia.

¿Por qué eructo?

Eructas, sobre todo, porque tragas aire al comer. El aire queda atrapado y lo expulsas en forma de eructo. Las bebidas gaseosas contienen gas, por lo que eructas más si las has bebido.

El eructo suele ir acompañado de un sonido característico.

¿Por qué eructan los bebés?

Los bebés tragan aire cuando toman leche. El aire queda atrapado en su estómago y puede provocarles dolor de barriga. Por esto necesitan ayuda para liberar el aire atrapado y hacerles eructar. A veces también sacan un poco de leche.

Formación de gas

Al comer, el estómago se llena y se hincha porque no hay espacio suficiente para el gas extra que tragas.

Apertura del esfínter

A medida que se acumulan los gases, el estómago se va hinchando. Esto hace que el músculo del esfínter de la parte inferior del esófago se relaje, abriendo el conducto para que el gas pueda escapar hacia arriba.

¿Por qué los eructos hacen ruido?

Los gases liberados por el estómago crean vibraciones en la parte superior del esófago y en la garganta. Estas vibraciones hacen que el eructo suene.

Esófago

El gas se acumula en el esófago, atrapado entre la garganta y el estómago. A la larga, sientes la necesidad de expulsar los gases en forma de eructo.

Ácido estomacal

En el estómago, los alimentos se mezclan con ácido clorhídrico. Esto convierte la comida en un líquido espeso y caldoso.

? Test rápido

1. ¿Comer o beber demasiado rápido provoca eructos?

2. ¿Qué provoca el sonido de los eructos?

Respuestas en pp. 132-133

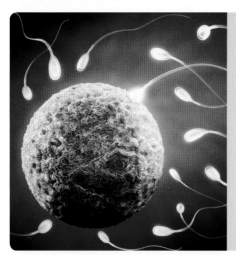

Óvulos y esperma

Un espermatozoide del padre se une (fecunda) el óvulo de la madre. Cada una de estas células contiene un conjunto de instrucciones, o genes, que se juntan para crear un nuevo ser humano.

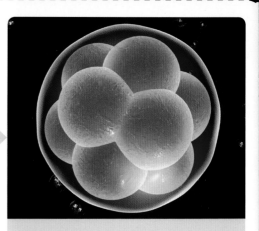

Primer embrión

En las dos primeras semanas tras la fecundación, las primeras células se copian a sí mismas formando el embrión. Las células de un embrión, células madre, aún no se han convertido en tejidos específicos.

¿Cómo crecen los bebés?

Un bebé comienza siendo dos células no más grandes que un punto. Estas se dividen y multiplican, y al cabo de 2 semanas empiezan a convertirse en distintos tejidos. A las 5 semanas, el corazón empieza a bombear sangre, y a las 8 semanas, el bebé ya tiene forma humana.

5 semanas

A las 5 semanas, el embrión tiene el tamaño de un guisante. Toman forma la cabeza, los ojos, los brazos y las piernas, y un diminuto corazón bombea sangre a los órganos en crecimiento.

¿Dónde crecen los bebés?

Los bebés crecen dentro de su madre, en una cámara llamada útero. El cordón umbilical conecta el bebé con las paredes del útero. Este cordón le proporciona alimento y oxígeno, y también elimina los desechos.

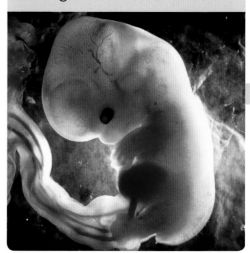

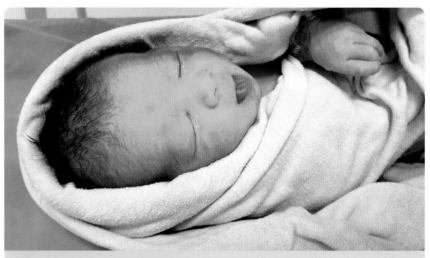

Recién nacido

El líquido sale del útero justo antes del nacimiento del bebé y la placenta se desprende después. El recién nacido utiliza sus pulmones para respirar oxígeno, por lo que ya no necesita el cordón umbilical, que se corta y se convierte en el ombligo.

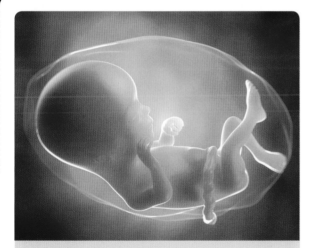

16 semanas

Un bebé se llama feto a partir de las 8 semanas. A las 16 semanas, mide unos 20 cm de largo y capta sonidos. Responde a los ruidos dando patadas y girando. En esta fase, los principales órganos están casi formados.

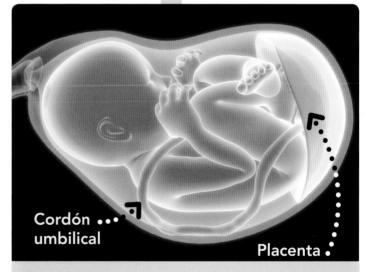

Cordón umbilical

Placenta

9 meses

El bebé flota dentro del útero en un líquido y está listo para nacer. Recibe oxígeno de la sangre de la madre a través del cordón umbilical, que está unido a la placenta. Los pulmones del bebé están llenos de líquido y no puede respirar aire.

Piel gruesa

La piel de la planta de los pies se endurece con el uso continuado. En esta zona la piel es más gruesa porque las células se dividen con más frecuencia. La piel de los codos se estira cuando los mueves y es más gruesa para permitir este movimiento.

¿Tendré la misma piel toda la vida?

No, la piel se renueva constantemente. La capa superior de la piel, llamada epidermis, pierde cada minuto unas 35 000 células, que son sustituidas por otras nuevas. Las células están llenas de queratina, que las fortalece.

Nueva piel

Las células de la piel se forman en la parte inferior de la epidermis. Estas células son empujadas hacia fuera a medida que se crean otras nuevas; tardan unas 3 semanas en alcanzar la superficie de la epidermis.

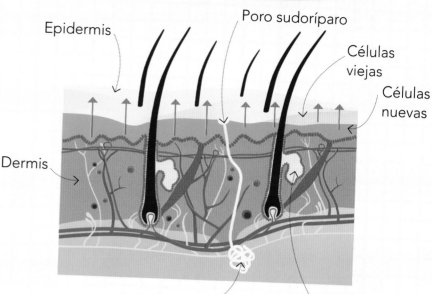

Epidermis

Poro sudoríparo

Células viejas

Células nuevas

Dermis

Glándula sudorípara

Glándulas sebáceas

¿Qué aspecto tiene la piel muerta?

La piel de tu cuerpo es una barrera protectora de células muertas entrelazadas. Estas células están dispuestas como un mosaico, lo que significa que encajan entre sí sin dejar huecos. Este patrón hace que la piel sea flexible.

? ¿Cierto o falso?

1. La piel del vientre es más gruesa.

2. La piel nueva se forma en la base de la dermis.

Respuestas en pp. 132-133

¿Cómo aguanto el pipí?

Aguantas el pipí con los músculos de la vejiga, un órgano que se llena del líquido segregado por los riñones. Cuando la vejiga está llena, unos receptores envían una señal al cerebro y sientes la necesidad de orinar.

Produces alrededor de un litro y medio de orina cada día.

Uréter

Músculos internos del esfínter

Dentro de la vejiga

La pared de la vejiga contiene músculo. Cuando orinas, los músculos se contraen, y la propia pared se arruga formando unos pliegues.

Vejiga cerrada

¿Por qué el pipí es amarillo?

Los riñones aportan a tu orina una sustancia química de color amarillo llamada urobilina. Esta se descompone en agua. Así, si bebes mucha agua, tu orina será de color amarillo pálido, pero si no bebes suficiente cantidad, será amarilla oscura. Esto significa que estás deshidratado.

? Test rápido

1. ¿Cómo sabes cuándo hay que orinar?

2. ¿Qué les pasa a las paredes de la vejiga al orinar?

3. ¿Qué mantiene la vejiga cerrada?

Respuestas en pp. 132-133

Control de la vejiga

Los bebés no controlan la vejiga y por eso llevan pañales. Los músculos del esfínter de su vejiga siempre están abiertos y el pis sale de forma automática cuando la vejiga se llena. Se aprende a controlar la vejiga hacia los 2 años.

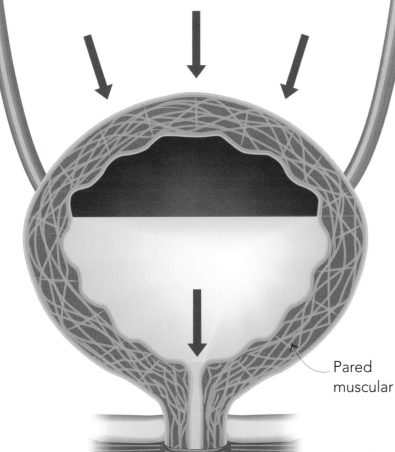

Pared muscular

Músculos externos del esfínter

Uretra

Vejiga abierta

Vaciado de la vejiga

Cuando vas al baño, las paredes musculares del esfínter de la vejiga se relajan y esta se vacía. Las paredes musculares elásticas se contraen y expulsan la orina. El pis sale por la uretra.

Adrenalina

La adrenalina es una hormona que se libera en la sangre. Controla unos diminutos músculos de la piel, llamados músculos erectores del pelo. Están unidos a la capa superior de la piel y a la base de cada folículo piloso (pequeño orificio en el que crece el pelo).

Relajado

Cuando estás relajado, los músculos erectores también lo están. Esto significa que el pelo queda tumbado.

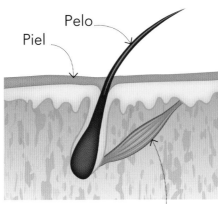

Pelo

Piel

Músculo erector
del pelo relajado

Frío o miedo

Cuando sientes frío o miedo, la adrenalina contrae los músculos erectores del pelo. Este se eriza y se forma la piel de gallina.

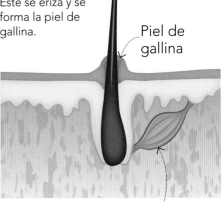

Piel de gallina

Músculo erector
el pelo contraído

¿Por qué se me pone piel de gallina?

Cuando los pequeños músculos de la piel detectan una señal química llamada adrenalina, el vello de la piel se eriza y aparecen pequeñas protuberancias: es la llamada piel de gallina. La adrenalina actúa cuando tienes frío o miedo.

¿Por qué el pelo de algunos animales se pone de punta?

Grande y amenazador

Un animal parece más grande cuando su pelo se eriza. Además, tiene aspecto más peligroso y así puede ahuyentar cualquier amenaza.

Más caliente

Cuando el pelo se eriza, atrapa aire cerca de la piel. Este se calienta y actúa como una manta, ayudando al animal a mantenerse caliente.

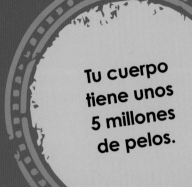

Tu cuerpo tiene unos 5 millones de pelos.

? ¿Cierto o falso?

1. La adrenalina hace que se caiga el vello corporal.

2. Tus emociones pueden ponerte la piel de gallina.

3. Diminutos músculos se relajan para erizar el pelo.

Respuestas en pp. 132-133

¿Para qué sirven las cejas?

Las cejas evitan que el sudor entre en tus ojos: los protege para que puedas ver. También te permiten mostrar cómo te sientes a través de expresiones faciales. Las puedes usar para reflejar distintas emociones.

Glándulas sudoríparas

Las glándulas sudoríparas están en la piel. Son largas y enroscadas, y producen sudor para refrescarte. En el cuerpo tienes más de cuatro millones de glándulas sudoríparas.

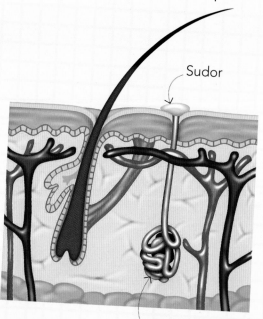

Sudor

Glándula sudorípara

¿Cómo mostramos emociones con las cejas?

Fruncir el ceño
Frunces el ceño para mostrar que algo no te gusta. Para ello tienes que arrugar las cejas.

Levantar las cejas
Cuando levantas las cejas, parece que algo te sorprende. Puede que lo hagas sin darte cuenta.

Enfriamiento

Las gotas de sudor se evaporan sobre la piel a medida que el cuerpo se calienta. El calor de tu cuerpo se transfiere al sudor. A medida que las gotas se evaporan, el cuerpo se enfría.

Tienes más de 1000 pelos en las cejas.

Sudar

Sudas cuando hace calor, cuando haces ejercicio y cuando te pones nervioso. Las gotas de sudor reaccionan con las bacterias de la piel y se produce el olor a sudor.

? ¿Cierto o falso?

1. Las vacas sudan por la nariz.

2. Hay más glándulas sudoríparas en las axilas que en los brazos.

3. Levantas las cejas para mostrar tristeza.

Respuestas en pp. 132-133

¿Por qué se tapan los oídos?

El ruido que oyes a veces se produce cuando la presión del aire cambia dentro de tus oídos, como cuando vas en avión. El oído medio, detrás del tímpano, equilibra la presión del aire.

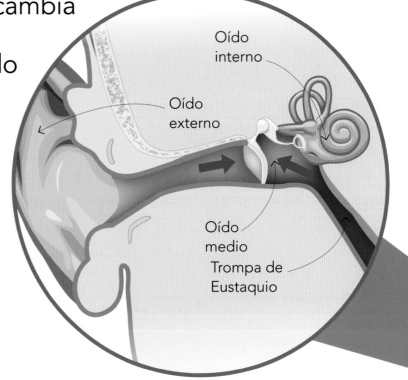

Oído interno

Oído externo

Oído medio

Trompa de Eustaquio

La presión del aire

La presión del aire es el peso de las moléculas del aire a tu alrededor. Están más dispersas cuanto más subes, por tanto, la presión del aire es más baja. En un avión en vuelo o en la cima de una montaña, la presión es muy baja.

Dentro del oído

Tu trompa de Eustaquio une la cavidad detrás del tímpano con la boca y la nariz. Cuando la trompa se abre, el aire entra en el oído medio desde la garganta. Este flujo de aire equilibra la presión dentro del oído.

¿Cómo se equilibra el aire en los oídos?

Bostezar
Al bostezar el aire pasa desde la boca hasta el oído a través de la trompa de Eustaquio. Así se equilibra el aire de dentro y fuera del oído.

Tragar
Al tragar la trompa de Eustaquio se abre y el aire entra en el oído medio. Esto equilibra la presión del aire dentro y fuera del oído.

La trompa de Eustaquio también drena líquido del oído medio.

....Oídos tapados

El aire dentro de los oídos queda atrapado en el oído medio. Cuando la presión del aire en el interior del oído coincide con la exterior, se produce un chasquido que puede ser muy doloroso para niños pequeños, pero que duele menos al crecer.

? **¡Qué imagen!**

¿Cómo se llama este hueso del oído medio?

Respuestas en pp. 132-133

Hábitos sanos

Tu cuerpo funciona gracias a los alimentos, el oxígeno y el agua. Lo mantendrás sano si duermes lo suficiente, haces ejercicio con regularidad y comes bien. Tu salud mental es tan importante como tu salud física y puedes sentir emociones muy diversas. Recuerda que cada persona piensa de forma diferente.

¿Por qué comemos?

La comida te da la energía para que tu cuerpo funcione. Este descompone los alimentos y almacena sustancias químicas útiles en la sangre y las células, y estas convierten la energía acumulada en movimiento.

¿Cómo fabrica energía el cuerpo?

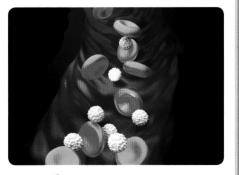

Energía almacenada

El azúcar viaja por la sangre en forma de glucosa, que alimenta las células. También está en el hígado y los músculos. La que sobra se convierte en grasa.

Energía cinética

El cuerpo usa el azúcar de la sangre para alimentar las células y mover los músculos. La grasa, convertida en azúcar, pasa a la sangre.

Proteínas

Necesitamos proteínas, como las de la carne y los huevos, para formar células y reparar el cuerpo. Estos alimentos también contienen grasa para dar energía.

Grasas y azúcar

El azúcar y las grasas proporcionan una rápida liberación de energía. Un exceso de ambas es perjudicial para tu salud.

Lácteos

Los productos lácteos, como la leche y el queso, tienen mucho calcio. Ayudan al crecimiento de dientes y huesos.

Hidratos de carbono

El cuerpo convierte los hidratos de carbono, como los del pan, la pasta y el arroz, en azúcar (glucosa). Son nuestra principal fuente de energía.

? ¡Qué imagen!

¿En qué parte del cuerpo se almacena el azúcar sobrante?

Respuestas en pp. 132-133

Vitaminas, minerales y fibra

Estos hacen que todas las partes del cuerpo funcionen de forma correcta. La fibra descompone los alimentos y elimina los residuos a través de los excrementos.

Respiración

Tus células convierten el oxígeno (O_2) y el azúcar en energía cinética. Esto produce un desecho, el dióxido de carbono (CO_2), y agua (H_2O). Este proceso se llama respiración celular.

$$\text{Azúcar} + O_2 = CO_2 + H_2O + \text{Energía}$$

Sentirse bien

Cuando haces ejercicio, tu cerebro libera sustancias químicas que te hacen sentir feliz, relajado y menos preocupado. Además, puedes dormir mejor.

? **¿Cierto o falso?**

1. Escalar fortalece los músculos y los huesos.

2. Los músculos crecen con el ejercicio.

3. El ejercicio aporta calorías extras.

Respuestas en pp. 132-133

Quemar calorías

La energía de los alimentos se mide en calorías. Las calorías sobrantes se almacenan en el cuerpo en forma de grasa. El ejercicio consume las calorías que el cuerpo no gasta.

Más energía

El ejercicio regular hace que el corazón y los pulmones trabajen más y les ayuda a fortalecerse. Así, proporcionas oxígeno y nutrientes a las células y te sientes con más energía.

¿Qué ocurre al hacer ejercicio?

El ejercicio es bueno para la mente y el cuerpo. Usa la energía de la comida para hacerte más fuerte. Gracias al ejercicio regular, el corazón y los pulmones funcionan mejor y tienes más energías. También reduce las probabilidades de enfermar.

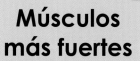

Músculos más fuertes

El ejercicio fortalece los músculos. Cuanto más los usas, más fuertes son y puedes hacer ejercicio durante más tiempo sin cansarte. Si no los ejercitas, se vuelven pequeños y se debilitan.

¿Cuánto ejercicio debo hacer?

Debes mantenerte siempre activo y hacer ejercicios que te hagan respirar más deprisa, como saltar a la comba, correr, montar en bicicleta u otro tipo de deporte. También debes hacer actividades, como escalada y estiramientos, para mantener los músculos y los huesos fuertes.

Salud futura

El ejercicio reduce en gran medida el riesgo de padecer futuras enfermedades graves, como ictus, hipertensión, diabetes, ansiedad, depresión, cáncer y artritis.

Señales de estar bien

Disfrutar la vida

Cuando te sientes bien, es fácil divertirse y disfrutar de aficiones y actividades. Estás a gusto contigo mismo y es más fácil ser amable y pasarlo bien con otras personas.

Buenas relaciones

Puedes disfrutar de las amistades cuando gozas de buena salud mental. Pides ayuda cuando la necesitas. Tus sentimientos no cambian fácilmente ni son controlados por otros.

Expresarse

Valoras tus pensamientos, opiniones y sentimientos, y te sientes cómodo hablando y mostrando emociones. Sabes que puedes superar problemas, incluso si a veces parecen insalvables.

¿Qué es la salud mental?

La salud mental indica el estado emocional de una persona a lo largo del tiempo. Incluye sentimientos, comportamiento, pensamientos e interacciones con otras personas. Puedes analizar estos aspectos para saber si gozas de buena salud mental.

¿Cómo me siento?

Tu comportamiento puede variar en función de cómo te sientes mentalmente. Las imágenes de la izquierda muestran algunos signos de buena salud mental y las de la derecha, algunos problemas que pueden surgir si tu salud mental no es del todo buena.

Señales de estar mal

Perder interés

Si te sientes triste o disgustado, puede que dejes de preocuparte por tus trabajos escolares, o que tengas menos interés por tus aficiones. Quizá ya no quieras quedar con tus amigos.

Problemas de sueño

Si te sientes infeliz o estresado, es posible que te cueste dormir. Puede que estés más cansado de lo normal durante el día, o que no puedas conciliar el sueño y que estés preocupado por la noche.

Ante la comida

Quizá no tengas hambre o no disfrutes de la comida. O puede que comas en exceso o que solo te apetezcan los dulces porque te hacen sentir mejor durante un rato.

¿Qué puede ayudarme a mejorar la salud mental?

Concienciación

Identificar los sentimientos, reflexionar y centrarte en el aquí y el ahora pueden ayudarte a sentirte bien.

Asesoramiento

Hablar con un profesional es una buena manera de empezar a mejorar la salud mental si necesitas ayuda.

? Test rápido

1. ¿Cuál es una forma de mejorar la salud mental?

2. ¿Cuál es una señal de que estás bien?

3. ¿Cuál es una señal de que podrías estar mal?

Respuestas en pp. 132-133

¿Por qué estoy feliz o triste?

Si te sientes feliz, significa que estás experimentando algo que te hace sentir bien. El sentimiento de tristeza es lo contrario y puedes vivirlo cuando te sientes herido, asustado o decepcionado.

Felicidad

Tu cuerpo libera sustancias de placer cuando disfrutas de las cosas que haces, cuando te sientes querido y cuando piensas en cosas placenteras. Reír te ayuda a sentirte feliz. ¡Inténtalo!

Pirámide de necesidades

Un científico llamado Abraham Maslow elaboró esta pirámide para mostrar qué necesita la gente para ser feliz. Afirmaba que las necesidades se superponen unas sobre otras de abajo hacia arriba, y cuantos más niveles alcances, más feliz eres, con la cúspide representando las mejores condiciones para la felicidad.

Progresar

Alcanzar objetivos y sentirse respetado

Sentirse querido por familiares y amigos

Tener un hogar y un entorno escolar seguros

Tener suficientes alimentos, agua, refugio y descanso

¿Qué es la empatía?

Comprender cómo se sienten los demás se llama empatía. Ser capaz de compartir tus sentimientos e identificarte con los demás es importante porque les hace sentir queridos y aceptados.

? Test rápido

1. ¿Qué pasa en tu cerebro cuando te sientes feliz?

2. ¿Para qué sirven los sentimientos?

Respuestas en pp. 132-133

Tristeza

Experimentar tristeza o estar descontento es algo natural. Llorar y hablar de tus sentimientos puede que te haga sentir mejor.

Los seres humanos son los únicos animales que lloran si están tristes.

¿El jabón mata los gérmenes?

Cuando te lavas con agua y jabón, este elimina los gérmenes de la piel. El jabón destruye gérmenes, como virus y bacterias, y el agua se los lleva. Si no los eliminas bien, los gérmenes pueden enfermarte.

¿Hay gérmenes aunque no los veas?

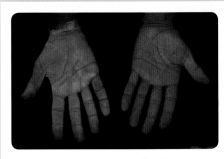

Los gérmenes se ven con luz ultravioleta (UV). La mano azul no está lavada. Está cubierta de gérmenes de color azul a la luz UV. La mano rosa se ha lavado con agua y jabón, y está libre de gérmenes.

Atraer

Las colas de las moléculas de jabón atraen a los gérmenes. Esto significa que las partículas de jabón se mueven hacia los gérmenes y se adhieren a ellos.

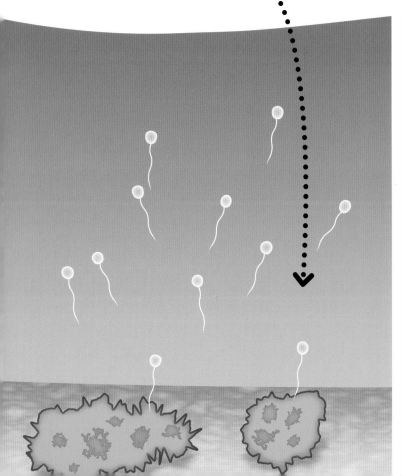

Elevar

Las moléculas de jabón se adhieren a los gérmenes, los levantan y los alejan de la piel. Las colas de las partículas de jabón se clavan en los gérmenes y los rompen.

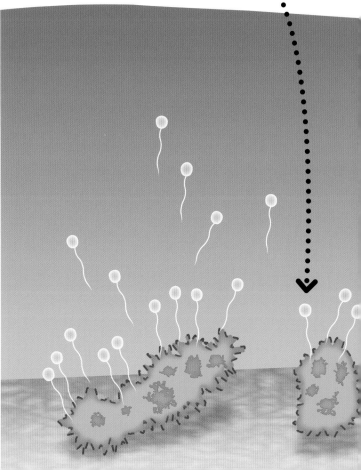

¿Cómo debo lavarme las manos?

Dedica al menos 20 segundos a lavarte las manos con agua y jabón. Es importante limpiar bien todas sus partes.

1. Mójate las manos. Añade jabón y frótalas hasta que salga espuma.

2. No olvides frotar las palmas, los dedos y las muñecas.

3. Enjuágate con agua limpia para eliminar el jabón.

4. Sécate bien con una toalla limpia.

? **¡Qué imagen!**

¿Qué tipo de germen es?

Respuestas en pp. 132–133

Rodear

A medida que las partículas de jabón rodean y levantan los gérmenes, estos se alejan entre sí y flotan en el agua.

Eliminar

Cuando te enjuagas las manos con agua limpia para eliminar el jabón, los gérmenes que flotan en el agua se eliminan. Ya tienes las manos limpias.

¿Tenemos capacidades distintas?

Todos nacemos con diferentes personalidades y pensamos de distinto modo. La forma en que funciona tu cerebro puede afectar a cómo aprendes y te relacionas con los demás.

Dispraxia

Es un trastorno que provoca mala coordinación. Los niños con dispraxia pueden tener dificultades para dibujar, escribir y practicar deportes. Suelen tener facilidad para comunicarse.

Síndrome de Down

Los niños con síndrome de Down tienen una discapacidad de aprendizaje, lo que significa que pueden tardar más que otros en aprender ciertas habilidades. Tienen su propia personalidad y sus propias preferencias, como cualquier otra persona.

Dislexia

A los niños disléxicos les cuesta más que a otros aprender a leer y a escribir. Sus puntos fuertes incluyen creatividad, memoria visual y manualidades.

Autismo

A los niños autistas les molestan los ruidos o las luces brillantes. Les resulta difícil entender los sentimientos ajenos. Suelen tener una gran capacidad de concentración y memoria, y son buenos detectando detalles.

TDAH

Los niños con este trastorno suelen ser hiperactivos. Se distraen con facilidad, les cuesta concentrarse en determinadas cosas y son impulsivos. Suelen ser niños muy creativos.

¿Cómo puede influirme mi familia?

Normas familiares

Pueden incidir en tu forma de pensar y reaccionar ante los demás. Aprendemos cómo actuar y a compartir sentimientos a través de la familia.

Sentimientos fundamentales

Los niños que reciben amor y respeto crecen sintiéndose queridos y valorados. Los que son maltratados no tienen autoestima.

? Test rápido

1. ¿Cómo afecta la dislexia a la capacidad lectora de los niños?

2. ¿Cuál es un factor externo que puede influir en tu forma de actuar?

Respuestas en pp. 132-133

¿Qué pasa cuando envejecemos?

El cuerpo cambia a medida que envejece. Con el tiempo, las células se debilitan y pierden la capacidad de repararse y regenerarse. El envejecimiento es un proceso natural del ser humano.

¿Cómo se repara una cadera que ya no se regenera sola?

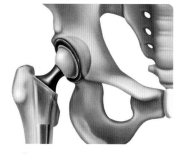

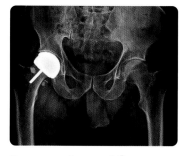

Prótesis
Se extrae la parte superior del hueso y se sustituye por una prótesis de metal, que encaja en la cavidad del hueso y permite el movimiento.

Reconstrucción
Se extrae el hueso dañado de la cadera y se colocan placas de metal. El hueso puede crecer alrededor de las placas.

❓ ¿Cierto o falso?

1. Los huesos se rompen más fácilmente con la edad.

2. La piel está más grasienta con la edad.

Respuestas en pp. 132-133

¿Por qué se pone gris el pelo?

La sustancia química que da color al pelo procede de las células de la raíz. Al envejecer, las células mueren y desaparecen. El pelo crece sin color y por eso adquiere un aspecto gris.

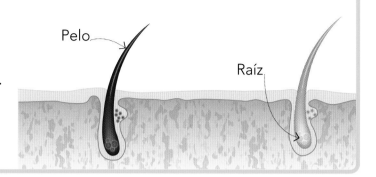

Pelo

Raíz

Pérdida de visión y audición

El desgaste de los músculos y los tejidos de los ojos y los oídos hace que estos órganos empeoren poco a poco. Las enfermedades oculares y del oído son más frecuentes en las personas mayores.

Arrugas

La piel se vuelve más fina y produce menos colágeno, la proteína que la hace elástica. La piel produce menos grasa, se reseca y aparecen arrugas en partes como alrededor de los ojos y la boca.

Menos energía

Los músculos empiezan a perder fuerza y flexibilidad y no pueden trabajar tanto como antes. También cambia el reloj biológico, lo que significa que se duerme menos y se produce más cansancio.

Rigidez de las articulaciones

El cartílago y el líquido sinovial que lubrica las articulaciones disminuyen, lo que implica que los huesos pueden rozarse, ponerse rígidos y causar dolor.

Huesos frágiles

Al envejecer, los huesos pierden calcio y minerales, por lo que se debilitan. Las personas mayores suelen romperse los huesos cuando se caen.

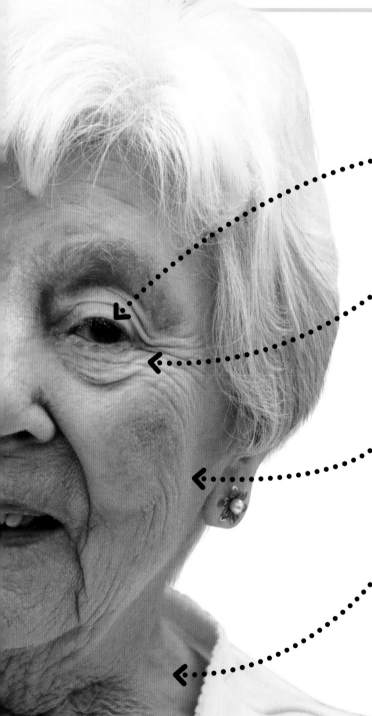

¿Por qué necesito agua?

Tu cuerpo necesita un suministro regular de agua para funcionar. Todo él está formado por células y todas contienen agua. Las funciones celulares más importantes se producen en el agua. La sangre es mayormente agua, para fluir con facilidad. Otros fluidos, como la saliva, el sudor y la orina también contienen agua.

Entrada de agua

La mayor parte del agua del cuerpo se obtiene con la bebida y la comida. Además, el organismo también produce agua cuando transforma los alimentos y el oxígeno en energía.

Entrada de agua

¿Por qué tengo sed?

El cerebro controla los niveles de agua del cuerpo y se asegura que estén equilibrados. Si necesitas líquidos, te envía señales para que tengas sed y bebas, e indica a los riñones que orinen menos para perder menos agua.

Salida de agua

El agua sobrante del cuerpo se elimina con la orina y las heces. Al sudar, se pierde agua por la piel y cuando exhalas también sale agua a través del aire.

Salida de agua

¿Cuánta agua hay en mi cuerpo?

La proporción de agua en el cuerpo depende de la edad. Un recién nacido es agua en casi tres cuartas partes, y una persona mayor, en menos de la mitad.

El agua de dentro de tu cuerpo es tan salada como la del mar.

Respuestas en pp. 132-133

Test rápido

1. ¿Dónde se almacena el agua en tu cuerpo?

2. ¿Cómo elimina el cuerpo el exceso de agua?

3. ¿Qué ocurre con la orina cuando tienes sed?

¿Cuánta agua tienen las células?

Dependiendo de su función, las diferentes células contienen distintas cantidades de agua. Tres cuartas partes de las células musculares son agua, mientras que las de grasa solo son una cuarta parte de agua.

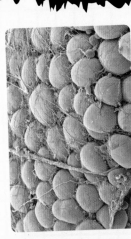

Células de grasa

Células musculares

¿Qué es el reloj biológico?

Tu reloj biológico es a la vez un despertador y un calendario naturales. Tus órganos se ralentizan y aceleran en diferentes momentos del día y del año. Así, tu cuerpo se acelera por la mañana para mantenerte alerta y el pelo crece más en verano.

¿Qué es el ciclo del sueño?

Cuando duermes atraviesas un ciclo de diferentes tipos de sueño. Primero, el sueño superficial; luego, profundo; a continuación ligero y, por último, empiezas a soñar. Este ciclo se repite cuatro o cinco veces cada noche.

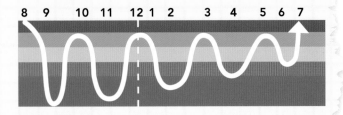

8 9   10 11   12 1 2   3   4   5 6 7

- Despierto
- Sueño superficial
- Sueño profundo
- Sueño ligero
- Soñar

Alerta máxima

Hacia las 9 de la mañana, tu cerebro está en buenas condiciones para pensar y resolver problemas. Es buen momento para trabajar en la escuela.

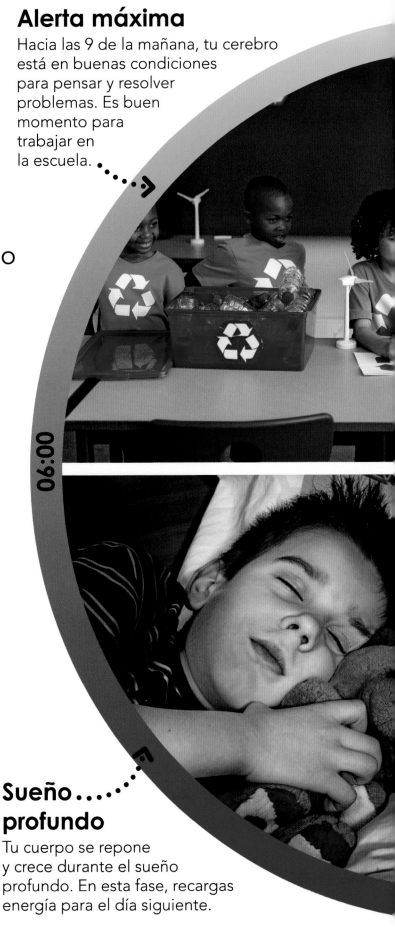

09:00

Sueño profundo

Tu cuerpo se repone y crece durante el sueño profundo. En esta fase, recargas energía para el día siguiente.

12:00

Mejor coordinación

Por la tarde, tienes una buena coordinación. Las diversas partes de tu cuerpo tendrán buen rendimiento. Es un buen momento para los juegos de pelota y para las manualidades.

¿Qué hace mi cerebro cuando duermo?

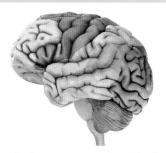

Cuando duermes tu cerebro clasifica la información que le envían los sentidos a lo largo del día. Parte de esa información se borra, pero otra se almacena en forma de recuerdos.

Máximo físico

Justo después de las 6 de la tarde, la temperatura corporal está en su punto más alto. Esto significa que tu cuerpo está muy activo y es un buen momento para realizar actividades físicas, como correr.

Sensación de sueño

Tus ojos perciben la luz y la oscuridad, y envían señales al cerebro. Así se mide la duración del día y significa que deberías sentir sueño a la misma hora cada día.

18:00

? ¿Cierto o falso?

1. El pelo crece más en invierno.

2. Un recién nacido duerme hasta 19 horas diarias.

Respuestas en pp. 132-133

Cuando oscurece se libera melatonina, una hormona que te ayuda a conciliar el sueño.

00:00

¿Qué ocurre cuando me asusto?

Cuando sientes miedo, tu cuerpo se prepara para luchar contra el peligro o huir. Esta reacción se llama respuesta de lucha o huida. El cerebro envía señales eléctricas al cuerpo para que libere sustancias químicas y se prepare para actuar.

Pupilas dilatadas

El círculo oscuro del centro de los ojos aumenta de tamaño y deja pasar más luz. Así puedes ver mejor para enfrentar el peligro o planear una huida.

Palmas sudorosas

El cuerpo se calienta y suda más para enfriarse. Las manos, los pies y las axilas tienen muchas glándulas sudoríparas.

Digestión lenta

La actividad del estómago se detiene, se ralentiza el tránsito de los alimentos digeridos y la sangre se envía a otras zonas necesarias para luchar o huir.

El corazón se acelera

El corazón y la respiración se aceleran para enviar oxígeno y sangre a los músculos de piernas y brazos. Así, te preparas para luchar o huir.

La vejiga se vacía

El músculo esfínter, que controla la vejiga, se relaja; por eso la gente a veces se orina cuando tiene miedo.

Vasos sanguíneos

Los vasos sanguíneos de los músculos necesarios para luchar o correr se agrandan y les llega más sangre y oxígeno. Los vasos del cerebro también se dilatan para que los nutrientes de la sangre puedan ir más deprisa.

? Test rápido

1. ¿Dónde se encuentran la mayoría de las glándulas sudoríparas del cuerpo?

2. ¿Para qué prepara el cuerpo la adrenalina?

3. ¿Qué ocurre con tu digestión si tienes miedo?

Respuestas en pp. 132-133

¿Cómo sabe mi cuerpo que estoy en peligro?

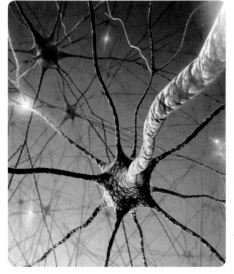

Señales eléctricas

Los sentidos envían señales eléctricas al cerebro a través de las células nerviosas. Este remite otras señales eléctricas que liberan sustancias químicas en forma de hormonas.

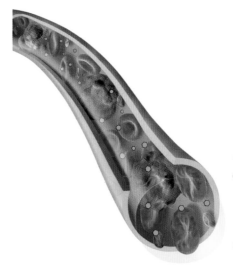

Señales químicas

Son hormonas que modifican el funcionamiento del cuerpo. Las glándulas suprarrenales liberan en la sangre una hormona llamada adrenalina que prepara el cuerpo para luchar o huir.

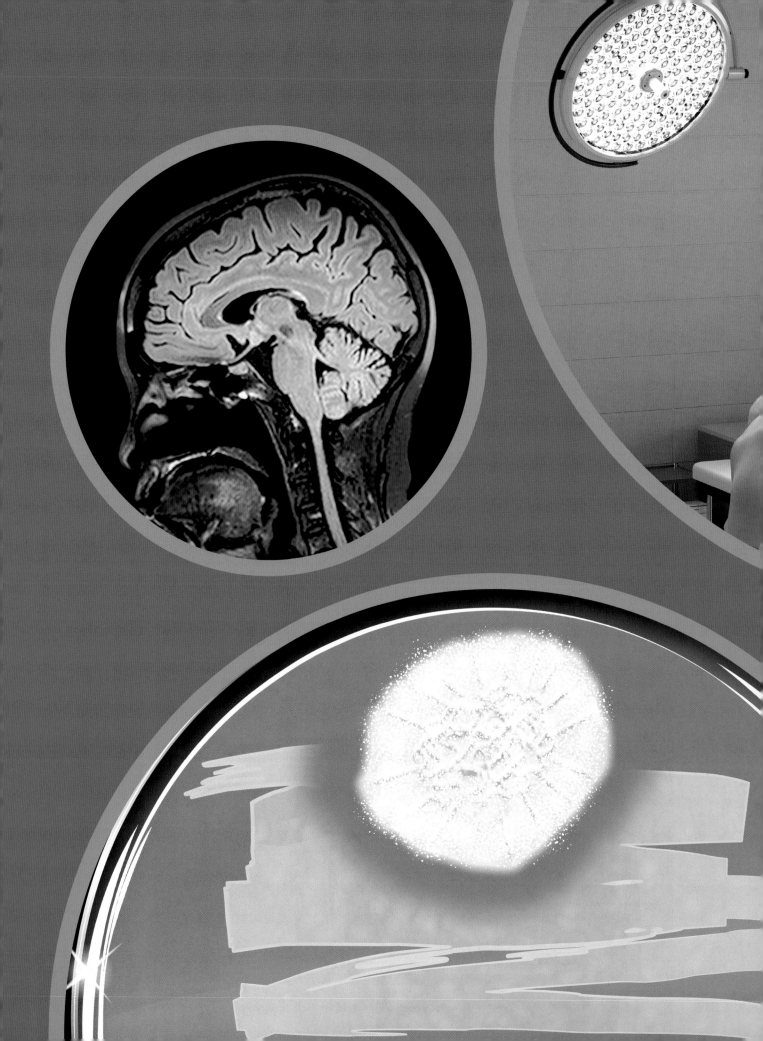

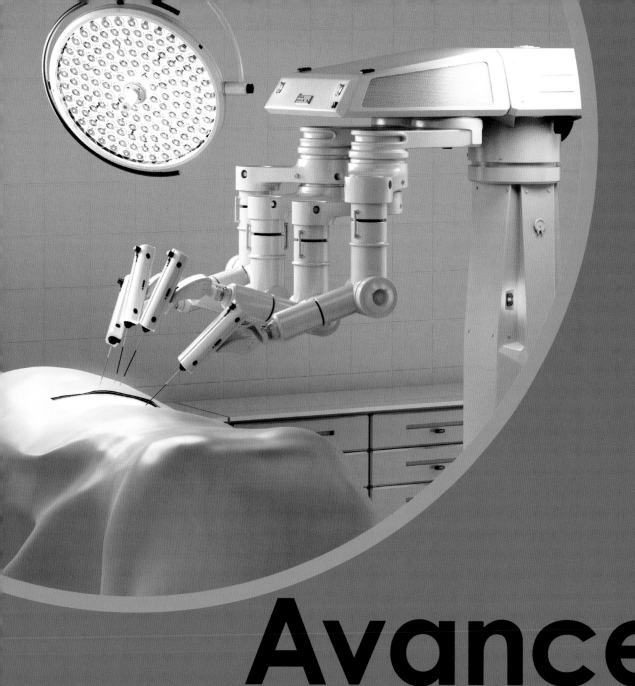

Avances
médicos

Desde manos biónicas hasta trasplantes de órganos, los avances médicos han cambiado la forma de examinar y sanar el organismo. Ahora, los médicos ven el interior del cuerpo gracias a imanes; los antibióticos matan las bacterias y los robots realizan operaciones.

Creación de rayos X

La electricidad se envía por un tubo de vacío. Para producir rayos X, se disparan partículas de electricidad (en azul) contra un blanco metálico.

Filtro

Cuando los rayos X atraviesan el filtro, este los concentra en un haz de luz que puede enviarse a una parte concreta del cuerpo

¿Qué son los rayos X?

Los rayos X son haces de luz invisibles que atraviesan los tejidos blandos y son absorbidos por los tejidos más duros, como los huesos. Esto significa que, en una radiografía, los tejidos blandos y el aire aparecen en tonos más oscuros y los huesos, en blanco. Así podemos ver si algún hueso está roto.

Rayos X

Los rayos X no se pueden ver ni sentir cuando inciden sobre tu cuerpo. Sin embargo, son una forma de radiación, lo que significa que, si se utilizan con demasiada frecuencia, pueden dañarlo.

¿Cuál fue la primera radiografía?

El físico alemán Wilhelm Röntgen tomó la primera imagen de rayos X en 1895. Era la mano de su esposa y se veían los huesos y un anillo. Descubrió los rayos X por accidente, cuando experimentaba con otro tipo de rayos, los catódicos.

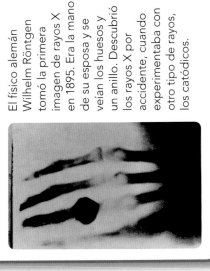

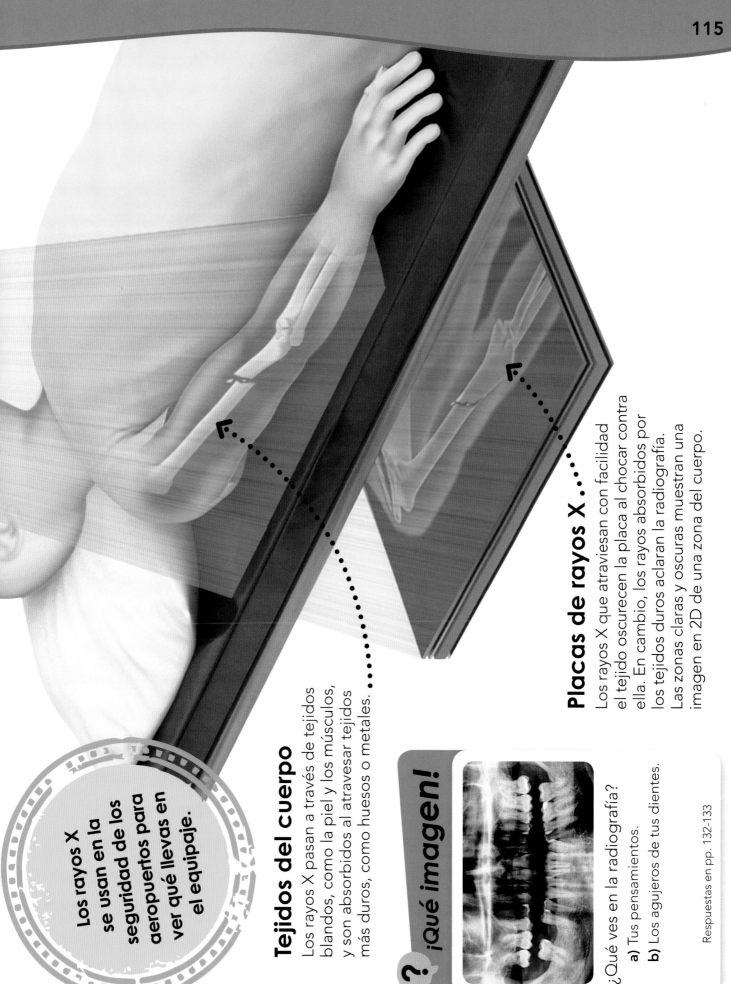

Tejidos del cuerpo

Los rayos X pasan a través de tejidos blandos, como la piel y los músculos, y son absorbidos al atravesar tejidos más duros, como huesos o metales.

Placas de rayos X

Los rayos X que atraviesan con facilidad el tejido oscurecen la placa al chocar contra ella. En cambio, los rayos absorbidos por los tejidos duros aclaran la radiografía. Las zonas claras y oscuras muestran una imagen en 2D de una zona del cuerpo.

¡Qué imagen!

¿Qué ves en la radiografía?
a) Tus pensamientos.
b) Los agujeros de tus dientes.

Respuestas en pp. 132–133

¿Por qué tengo que vacunarme?

Las vacunas te protegen de los virus, de las enfermedades. Se introduce en el organismo una forma debilitada del virus para que los glóbulos blancos produzcan anticuerpos, las proteínas que los matan.

Otra forma de matar un virus es inyectar anticuerpos de otra persona.

Vacunación

Se inyecta en la sangre, o se administra por vía oral, una forma debilitada del virus. El cuerpo reconoce que este virus es maligno y empieza producir anticuerpos para combatirlo.

Anticuerpos

Los glóbulos blancos crean anticuerpos que se adhieren al virus y lo destruyen. Así, si el virus intenta infectar el cuerpo de nuevo, el organismo recuerda el virus y puede fabricar anticuerpos.

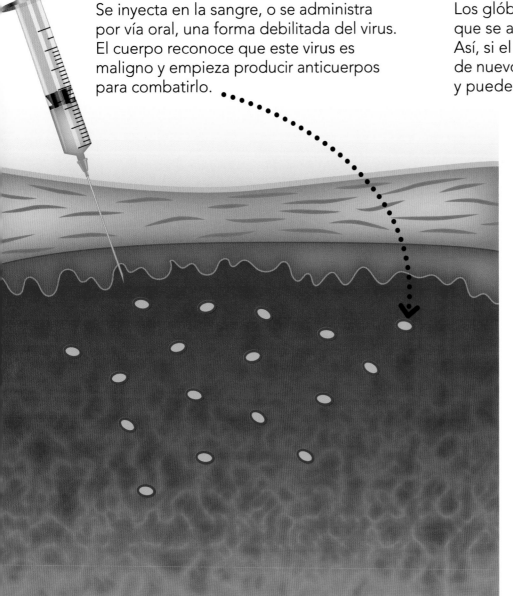

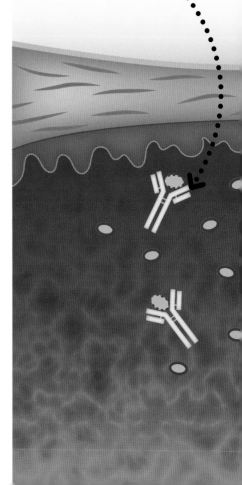

¿Qué es la COVID-19?

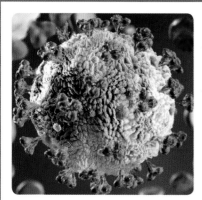

La COVID-19 es una enfermedad causada por un virus llamado coronavirus. Se descubrió en 2019 y se propaga con mucha facilidad a través de gotitas en el aire o sobre superficies cuando la gente tose. La mayoría de los enfermos se recupera a los pocos días, pero 1 de cada 5 necesita ser hospitalizado.

Primera vacuna

La primera vacuna fue desarrollada por un médico llamado Edward Jenner en el siglo XVIII. La creó para combatir un virus mortal conocido como viruela.

Edward Jenner

Inmunidad

Si el virus reaparece, los anticuerpos se fabrican rápidamente y pueden derrotarlo con facilidad. Esto significa que eres inmune y que no puedes volver a enfermar por este virus.

? Test rápido

1. ¿Cómo actúan los anticuerpos?

2. ¿Qué células combaten los virus?

3. ¿De qué formas puedes recibir una vacuna?

Respuestas en 132-133

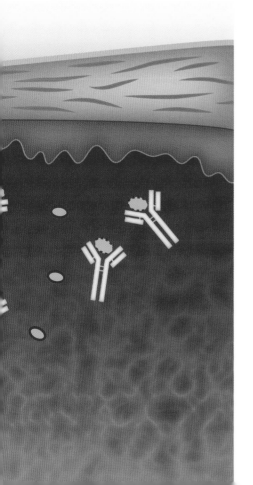

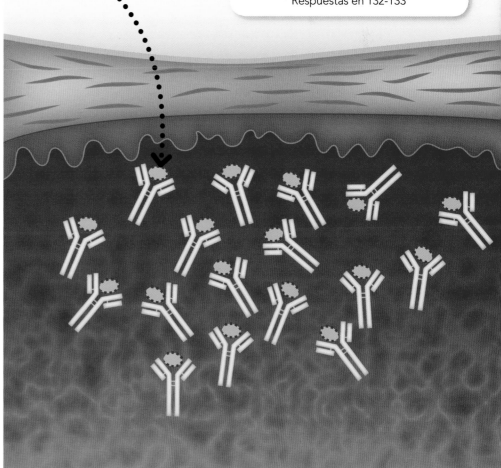

¿Podemos ver el cuerpo con imanes?

Sí. Los médicos pueden usar una imagen por resonancia magnética (IRM) para ver el interior de tu cuerpo. En este tipo de escáner, los imanes hacen que los átomos de tu cuerpo se alineen de cierto modo para que emitan una señal transmitida por ondas de radio. Un ordenador convierte estas señales en imágenes del interior de tu cuerpo.

Cortes

Cada imagen del escáner muestra un corte del cuerpo en un ángulo determinado. Un ordenador une las imágenes y crea un modelo en 3D.

¿Qué es la resonancia magnética?

Un escáner de resonancia magnética (RM) es un tubo en el que te tumbas. Durante la exploración, debes permanecer inmóvil. El escáner se mueve arriba y abajo mientras toma imágenes de tu cuerpo. La máquina vibra, hace clic, pero no duele.

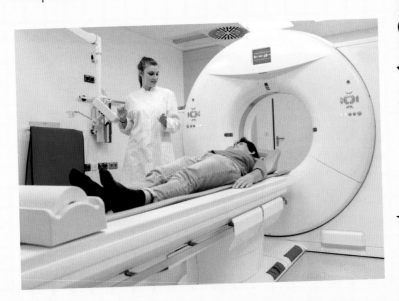

Cuando te hacen una RM, no puedes llevar nada magnético, como pendientes metálicos.

Órganos en 3D

La resonancia magnética permite escanear órganos específicos y así los médicos pueden ver todo el órgano, por ejemplo el cerebro.

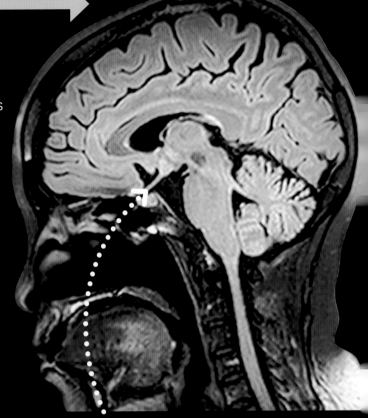

Distintos colores

Los diferentes tejidos del cuerpo emiten ondas de radio ligeramente distintas cuando se escanean. Un ordenador las colorea para que los médicos puedan distinguir con rapidez las partes del cuerpo.

Imagen clara

La resonancia magnética ofrece una imagen del interior de tu cuerpo. De este modo, los médicos pueden averiguar si algo no está bien sin tener que operarte.

¿De qué otra forma se ve dentro del cuerpo?

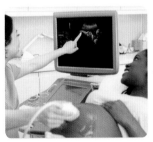

Ultrasonidos

Un escáner envía ondas sonoras al interior del cuerpo. Estas rebotan en los sólidos del cuerpo y producen una imagen, como la de un bebé.

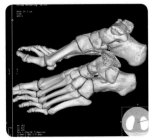

TAC

Un TAC o tomografía computarizada (TC) envía rayos X al interior del cuerpo en distintos ángulos. Un ordenador une las imágenes y crea una foto tridimensional.

❓ Test rápido

1. ¿Qué significa IRM?

2. ¿Por qué se toman imágenes del interior del cuerpo?

3. ¿Qué tipo de onda emite tu cuerpo durante una resonancia magnética?

Respuestas en pp. 132-133

¿Cómo matan los antibióticos las bacterias?

Existen muchos antibióticos producidos por hongos y bacterias. Luchan contra las bacterias para que tu cuerpo pueda combatirlas o controlarlas. Los antibióticos no pueden combatir ni matar virus.

Sin bacterias

En esta zona no hay bacterias, porque la penicilina las ha matado. Cualquier bacteria que crezca o se acerque a la penicilina morirá.

Superbacterias

Las bacterias pueden cambiar con el tiempo para intentar sobrevivir cuando varía su entorno. En algunas ocasiones, hay bacterias que son muy fuertes y no pueden ser eliminadas por los antibióticos. Cuando sobreviven y se multiplican, se convierten en superbacterias difíciles de matar.

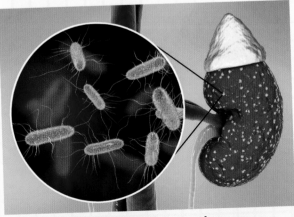

Las superbacterias pueden atacar órganos, como los riñones, y causar infecciones.

Golpe de suerte

La penicilina fue descubierta por accidente en 1928. El científico Alexander Fleming dejó unas bacterias sin protección, salió a pasar el día y un hongo creció sobre ellas y las mató.

Penicilina

Este antibiótico se llama penicilina. Actúa debilitando las paredes celulares de las bacterias para que revienten. Se puede tomar en pastillas, en jarabe o inyectada.

¿Cómo me enferman?

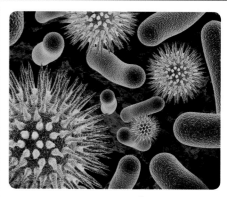

Por multiplicación

Las bacterias se replican, se dividen en dos y repiten el proceso una y otra vez. Al multiplicarse con gran rapidez, el organismo no puede combatirlas de manera adecuada y enfermas.

Sustancias químicas

Las bacterias pueden liberar sustancias venenosas que dañan las células y provocan malestar. El cuerpo aumenta la temperatura para combatir las bacterias porque no les gusta el calor.

Bacterias

Se han puesto bacterias en esta zona de la placa de Petri (recipiente plano con tapa usada en laboratorios). La mancha blanca de bacterias crece cuando estas se multiplican.

? ¿Cierto o falso?

1. Las bacterias son seres vivos.

2. El jabón mata bacterias al igual que los antibióticos.

Respuestas en pp. 132-133

¿Cómo sabe el médico qué me pasa?

Si te encuentras mal, el médico te hará preguntas para entender los síntomas de tu enfermedad. También puede hacerte unas pruebas para saber qué te pasa y darte algún medicamento que te haga sentir mejor.

Temperatura

La temperatura media del cuerpo humano es de 37 °C. Cuando lucha contra una enfermedad, la temperatura sube. El termómetro para conocer la temperatura corporal suele colocarse en la boca o en la axila.

¿Qué fluidos se pueden analizar?

Se analizan la sangre, la orina y las heces. Los resultados le dicen al médico si hay inflamación, bacterias, alguna enfermedad, hemorragias o desequilibrios hormonales.

Bastoncillo

Se pasa un bastoncillo por la lengua o por la garganta para extraer saliva y luego se introduce en una máquina que detecta bacterias y virus.

Análisis de sangre

Cuando el médico te pide un análisis de sangre, te introducen una aguja en una vena del brazo y te extraen sangre con una jeringuilla. Esta sangre se analiza en un laboratorio para detectar distintas enfermedades.

Diagnóstico

Los médicos te preguntan, te hacen pruebas y te dan medicinas contra la enfermedad que te afecta. Eso se llama hacer un diagnóstico.

Tensión arterial

Los médicos usan un tensiómetro para comprobar la capacidad del corazón de impulsar la sangre por el cuerpo. Te colocan alrededor del brazo una banda que lo aprieta para comprimir los vasos sanguíneos.

Auscultación

Para poder escuchar tu respiración, el médico usa un estetoscopio que te pone en el pecho y en la espalda. Con él puede escucharte los pulmones y comprobar si están obstruidos.

? Test rápido

1. ¿Cuál es la temperatura media del cuerpo?

2. ¿Cómo se llama cuando un médico cree saber lo que te pasa?

3. ¿Qué usa el médico para auscultar los pulmones?

Respuestas en pp. 132-133

¿Una célula puede cambiar de función?

Las células madre pueden cambiar de función de forma permanente para convertirse en otro tipo de célula. Las adultas se forman en los huesos. En un embrión, pueden convertirse en cualquier tipo de célula, pero en un adulto solo se transforman en ciertos tipos de células, como las sanguíneas.

¿Cómo se dividen las células?

Cuando una célula se divide para formar otra, primero copia su ADN y luego lo divide en dos. Este proceso se llama mitosis. Luego, la célula se divide en dos por un proceso llamado citocinesis, que produce dos células, cada una con una copia del ADN original.

Médula ósea

Las células madre adultas se producen en la médula ósea. Al multiplicarse y dividirse crean copias de sí mismas y luego se convierten en distintos tipos de célula.

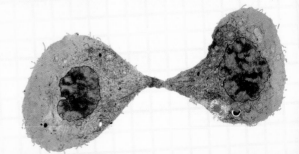

? **¡Qué imagen!**

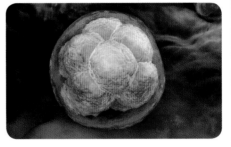

¿Dónde encontrarías esta bola de células madre?

Respuestas en pp. 132-133

Célula madre

Especializarse

Cuando las células madre se transforman en otro tipo de célula, se especializan. Por ejemplo, las células madre pueden convertirse en distintos tipos de células sanguíneas, como glóbulos rojos, blancos o plaquetas. Una vez han cambiado, mantienen su función.

¿Cuál puede ser el futuro de las células madre?

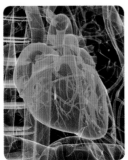

Crear órganos

Las células madre embrionarias pueden convertirse en células del cuerpo. Esto significa que podríamos usarlas para reparar tejidos enfermos o dañados, e incluso crear órganos nuevos.

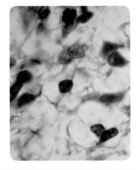

Reparar genes

El cordón umbilical de un recién nacido contiene muchas células madre, que podrían usarse para reparar o sustituir genes defectuosos de un hermano, en un proceso de edición genética.

¿Cómo actúa la crema solar?

Las cremas solares pueden ser físicas o químicas. Las físicas, o filtros solares, crean una barrera entre el sol y tu piel que bloquea los rayos nocivos y los aleja de ti. Las cremas solares químicas absorben estos rayos para que no lleguen a tu piel.

Vitamina D

Un poco de sol es bueno para ti. La piel puede absorber la luz ultravioleta (UV) para producir vitamina D, que te ayuda a crecer y a absorber los nutrientes de los alimentos.

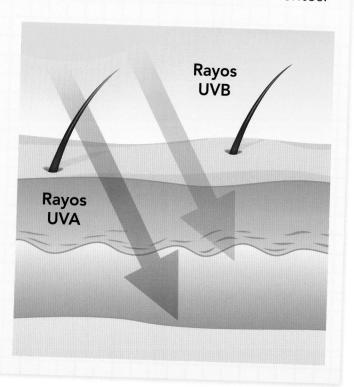

Gafas de sol

Las gafas de sol reflejan los rayos UV para que no te dañen los ojos. También te ayudan a ver mejor cuando hay mucha luz. Nunca mires de forma directa al sol, aunque lleves este tipo de gafas.

Crema solar física

El filtro solar forma una barrera física en tu piel, y los dañinos rayos UV rebotan y se alejan. La piel queda protegida debajo del filtro solar.

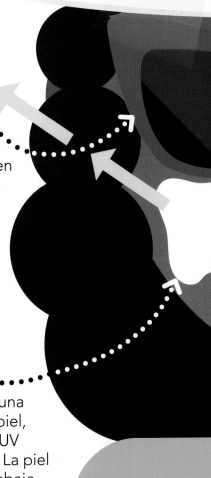

Rayos UV

La luz UV, o ultravioleta, es invisible, procede del sol y puede dañar la piel. Hay dos tipos de luz UV: la UVA y la UVB. Los rayos UVA penetran en la piel y causan arrugas. Los rayos UVB afectan la capa superior de la piel, provocando quemaduras solares y a veces cáncer de piel.

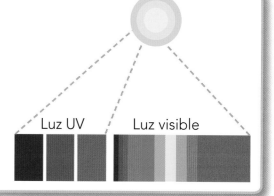

Luz UV | Luz visible

Sombrero y ropa blanca

Los sombreros mantienen la cara a la sombra. La ropa blanca refleja la luz del sol, lo que también te mantiene fresco.

¿Qué pasa si me quemo con el sol?

Si no usas suficiente bloqueador o crema solar, puedes quemarte al sol. Algunas personas sufren quemaduras solares dolorosas y manchas rojas, y a otras se les cae la piel. Personas con diferentes tonos de piel experimentan distintos efectos del sol, pero siempre debes usar crema solar cuando te expongas a él.

Crema solar química

Los productos químicos de la crema absorben los rayos UV, evitando que dañen la piel. La crema solar se descompone durante el día, por lo que debes aplicarla con regularidad.

? ¿Cierto o falso?

1. La luz UV es visible.

2. Un poco de sol es bueno para ti.

Respuestas en pp. 132-133

¿Los robots pueden operar?

Sí, ya se están realizando operaciones quirúrgicas en hospitales de todo el mundo mediante robots. Los brazos robóticos pueden hacer incisiones más precisas y pequeñas que los humanos, y también pueden reducir el tiempo de la intervención. Estas máquinas son controladas a distancia por un cirujano, o programadas de antemano.

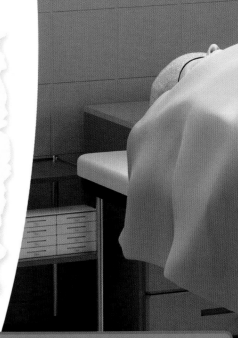

Control remoto

El Sistema Quirúrgico da Vinci utiliza brazos robóticos para operaciones quirúrgicas. El cirujano toma todas las decisiones y controla los brazos.

¿Qué es la cirugía endoscópica?

En la cirugía endoscópica se practica una pequeña incisión en el cuerpo por el que se introducen dispositivos quirúrgicos, como una cámara o un catéter con una luz, que ayudan al cirujano a realizar la operación.

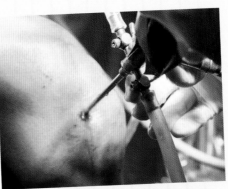

La cirugía endoscópica es menos dolorosa y reduce las hemorragias.

¿Qué más pueden hacer los robots?

Cápsula endoscópica

Una cámara robótica del tamaño de una pastilla, llamada cápsula endoscópica, puede recorrer todo el aparato digestivo. Ilumina el recorrido al moverse y toma imágenes que se envían a un ordenador para que pueda verlas un médico.

Exoesqueleto

Los exoesqueletos robóticos son aparatos que se adhieren al cuerpo de las personas con lesiones nerviosas y musculares. Les ayudan a ponerse en pie, girar y caminar. También les permiten levantar objetos pesados sin usar una máquina.

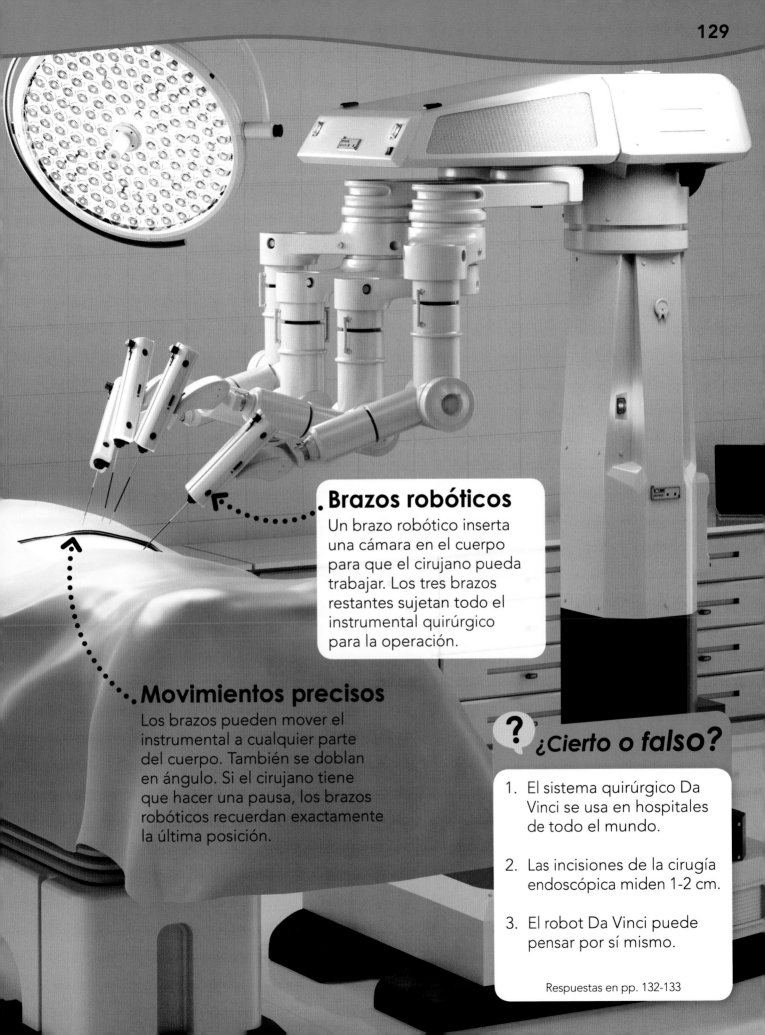

Brazos robóticos

Un brazo robótico inserta una cámara en el cuerpo para que el cirujano pueda trabajar. Los tres brazos restantes sujetan todo el instrumental quirúrgico para la operación.

Movimientos precisos

Los brazos pueden mover el instrumental a cualquier parte del cuerpo. También se doblan en ángulo. Si el cirujano tiene que hacer una pausa, los brazos robóticos recuerdan exactamente la última posición.

¿Cierto o falso?

1. El sistema quirúrgico Da Vinci se usa en hospitales de todo el mundo.

2. Las incisiones de la cirugía endoscópica miden 1-2 cm.

3. El robot Da Vinci puede pensar por sí mismo.

Respuestas en pp. 132-133

¿Se pueden crear partes del cuerpo?

Algunas personas nacen sin algunas partes del cuerpo, y otras las pierden por una enfermedad o accidente. Algunas de estas personas recurren a las prótesis artificiales. Los médicos también pueden efectuar trasplantes, que consisten en la sustitución de un órgano dañado por otro sano de otra persona.

¿Qué es un trasplante?

Cuando un órgano no funciona bien, los médicos pueden extraer el mismo órgano de otro cuerpo para sustituir el dañado. Pueden trasplantarse varias partes del cuerpo, como el hígado o el corazón. Tras la operación, el trasplantado necesita medicamentos específicos para que el nuevo órgano no sea rechazado.

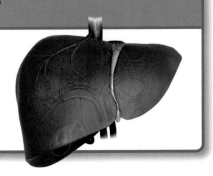

? **¡Qué imagen!**

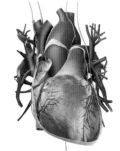

Este órgano se puede trasplantar. ¿Cuál es?

Respuestas en pp. 132-133

El hígado se puede regenerar, aunque le falten hasta dos terceras partes.

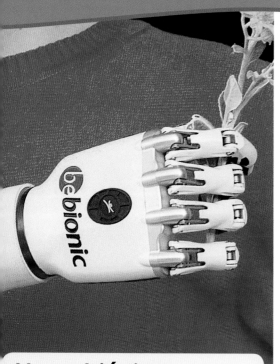

Mano biónica

Esta mano eléctrica se conecta a los músculos del brazo, que reciben señales del cerebro y a su vez la mueven.

Dentadura

Las dentaduras postizas se fabrican con plástico, nylon o metal. Se colocan sobre la encía y parecen dientes de verdad. Pueden extraerse y limpiarse por la noche.

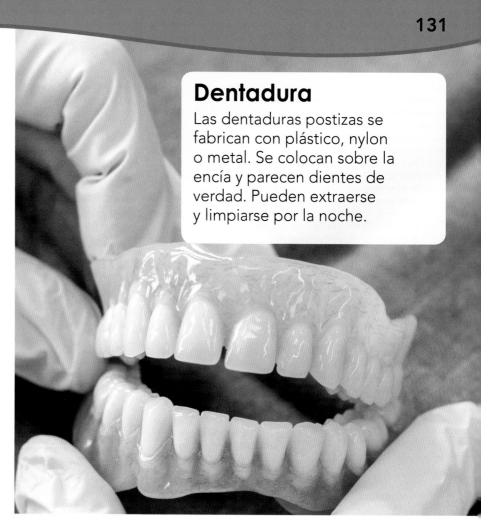

Prótesis de pierna

Esta prótesis de pierna es de fibra de carbono. Puede doblarse sin romperse, ideal para un corredor. Las piernas ortopédicas también pueden tener un relleno de espuma o plástico.

Marcapasos

Se usa un marcapasos para ayudar al corazón a bombear sangre. El pequeño ordenador del marcapasos envía una señal eléctrica que indica al corazón cuándo debe bombear.

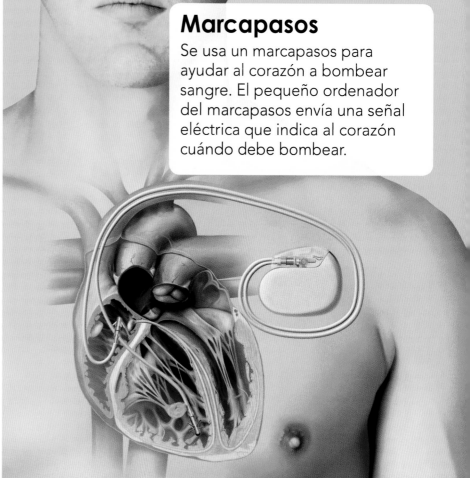

Respuestas

Página 9 1) Células.
2) El núcleo. 3) Órganos.

Página 11 1) Cierto. También forman parte del sistema respiratorio. 2) Falso. El órgano más grande es la piel. 3) Falso. Puedes vivir con un solo riñón.

Página 13 Un glóbulo rojo de la sangre.

Página 15 1) Falso. Las venas llevan la sangre al corazón. 2) Cierto. 3) Falso. Los glóbulos blancos combaten los gérmenes.

Página 16 1) En el núcleo. 2) Como un interruptor, los genes se encienden y se apagan para indicar a la célula qué debe hacer. 3) Una doble hélice.

Página 19 1) Es muy delgado y está muy enrollado. 2) ¡Nada! Solo un 2 por ciento del ADN tiene una función. 3) La mitad de tu ADN proviene de cada uno de tus padres.

Página 21 1) De cada uno de tus padres. 2) Herencia.

Página 23 1) Cierto. 2) Cierto.

Página 25 1) Cierto. 2) Falso. Son señales químicas. 3) Falso. Los nervios son las señales más rápidas del cuerpo.

Página 29 1) Grasa. 2) Los espacios entre las láminas hacen que los huesos sean realmente fuertes. 3) Cartílago.

Página 30 1) Músculos esqueléticos. 2) Bíceps.

Página 33 1) Tres. 2) Aporta nutrientes y actúa como amortiguador. 3) La médula espinal.

Página 34 1) El cierre de las válvulas. 2) Oxígeno. 3) Arterias.

Página 37 1) Falso. 2) Falso.

Página 39 1) Discos de cartílago. 2) Por fluido y membranas.

Página 41 1) Falso. Lo hacen durante la respiración. 2) Falso. Están en los pulmones. 3) Cierto.

Página 43 1) Hipocampo. 2) Cuatro.

Página 45 1) De células viejas y muertas. 2) La matriz. 3) En verano.

Página 46 1) Cierto. 2) Cierto. También los protege. 3) Falso. La mayoría de los bebés nacen sin dientes.

Página 48 1) Falso. Demasiado azúcar es malo para tu salud. 2) Falso. Solo las papilas gustativas. 3) Cierto.

Página 50 Una célula nerviosa.

Página 55 1) Receptores. 2) Braille.

Página 57 1) Para exhalar dióxido de carbono. 2) Se relaja. 3) No. El cerebro lo controla.

Página 59 En el pulgar.

Página 61 1) Cierto. 2) Cierto.

Página 63 1) Para impedir que entre demasiada luz. 2) Iris. 3) Se dilatan.

Página 65 1) Falso. Están en el oído. 2) Falso. Tus ojos te ayudan a mantener el equilibrio, pero también interviene otra información. 3) Cierto.

Página 67 1) Del calor al frío. 2) El hipotálamo.

Página 69 1) Cierto. En el espacio no hay gravedad para reducir tu altura. 2) Falso. Por la noche te estiras. 3) Cierto.

Página 71 1) Cinco. 2) Neuronas. 3) Memoria episódica.

Página 73 1) Descomponer grasas. 2) Unos 2 días.

Página 75 La rana.

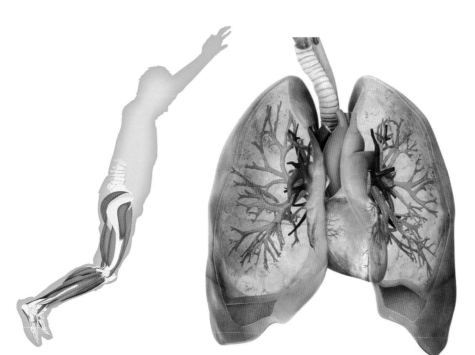

Página 77 1) Sí. Cuando comes o bebes muy rápido tragas más aire que cuando lo haces despacio. 2) Las vibraciones de los gases en la parte superior del esófago y la garganta.

Página 79 1) Feto. 2) Embrión. 3) De la placenta y a través del cordón umbilical.

Página 81 1) Falso. Es más gruesa en los codos y en los pies. 2) Falso. Se forma en la base de la epidermis.

Página 83 1) Unos receptores envían señales al cerebro. 2) Se contraen. 3) Músculos del esfínter.

Página 85 1) Falso. Hace que se erice. 2) Cierto. 3) Falso. Se contraen.

Página 87 1) Cierto 2) Cierto. 3) Falso. Levantas las cejas para mostrar sorpresa.

Página 89 Estribo.

Página 93 En la grasa.

Página 94 1) Cierto. 2) Cierto. 3) Falso. Cuando haces ejercicio, quemas calorías.

Página 97 1) Concienciación o asesoramiento. 2) Disfrutar de la vida, mantener buenas relaciones o expresar sentimientos. 3) Perder interés, tener problemas para dormir o de actitud ante la comida.

Página 99 1) Se liberan sustancias químicas. 2) Para conectar con los demás y saber cómo te sientes.

Página 101 Un virus.

Página 103 1) A los niños disléxicos les cuesta más que a otros aprender a leer y a escribir. 2) El comportamiento de tu familia influye en tu forma de actuar.

Página 104 1) Cierto. 2) Falso. Tu piel produce menos grasa a medida que envejeces y se seca.

Página 107 1) En las células. 2) A través de la orina, las heces, el sudor y la respiración. 3) Orinas menos.

Página 109 1) Falso. Crece más en verano. 2) Cierto.

Página 111 1) En las manos, los pies y las axilas. 2) Te prepara para luchar o huir. 3) Se ralentiza.

Página 115 b) Los agujeros de tus dientes.

Página 117 1) Atacan y destruyen los virus. 2) Las células blancas. 3) Se inyectan o se administran por vía oral.

Página 119 1) Imagen por resonancia magnética. 2) Para detectar un problema sin tener que operar. 3) Ondas de radio.

Página 121 1) Cierto. 2) Cierto.

Lavarse las manos es una magnífica manera de matar bacterias.

Página 123 1) 37°C. 2) Diagnóstico. 3) Un estetoscopio.

Página 125 En el útero, ya que es un embrión.

Página 127 1) Falso. Es invisible porque queda fuera del espectro luminoso. 2) Cierto.

Página 129 1) Cierto. 2) Cierto. 3) Falso. Está controlado por control remoto y no puede tomar decisiones.

Página 130 Un corazón.

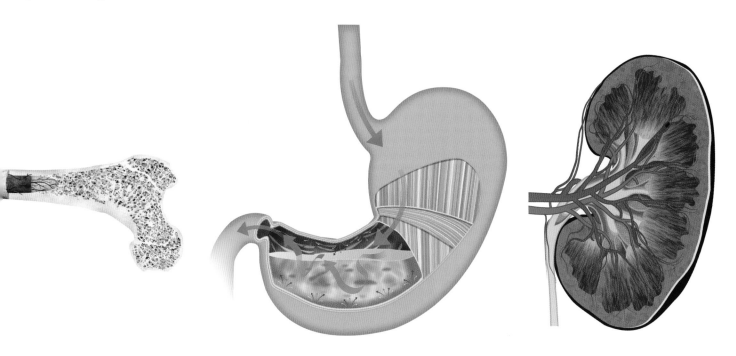

¿Lo saben tus amigos?

¿Quién sabe más sobre el cuerpo humano? Pon a prueba a tus amigos y familiares con estas difíciles preguntas. En las páginas 136-137 tienes las respuestas.

Preguntas

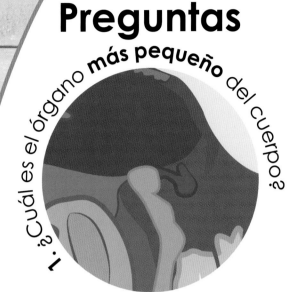

1. ¿Cuál es el órgano **más pequeño** del cuerpo?

5. ¿Cómo se llama la **parte superior** del **diente**?

8. ¿Cómo se llaman los **tres huesos** del **oído medio**?

12. ¿**Qué** tipo de **escáner** utiliza **imanes** para observar el **interior del cuerpo**?

2. ¿Cómo se llaman las **bacterias** con **forma de bastón**?

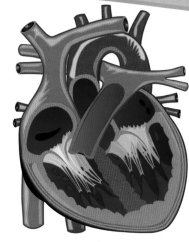

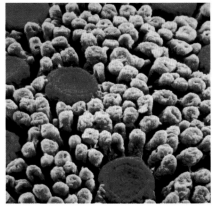

3. ¿Cuántas **cámaras** tiene el **corazón**?

4. ¿Dónde se encuentra la **queratina**?

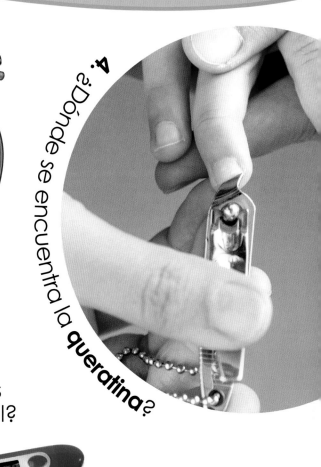

6. ¿Cómo se llaman las **pequeñas protuberancias** que cubren la **lengua**?

7. ¿Qué **patrón siguen las células muertas** de la piel?

9. ¿**Quién** inventó la **primera vacuna?**

10. ¿Qué aparato se usa para **medir la temperatura** del cuerpo?

11. ¿Qué **órgano puede regenerarse** si le falta una parte?

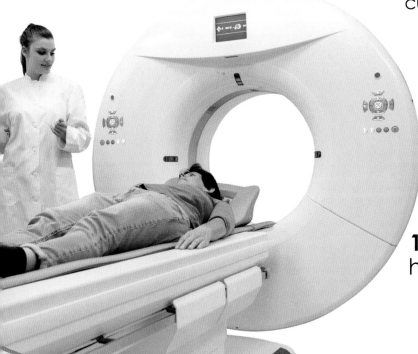

13. ¿Dónde se forman las **células madre adultas**?

14. ¿**Cuánto tiempo** hay que **lavarse las manos?**

Respuestas

1. El órgano más pequeño es la **glándula pineal**.

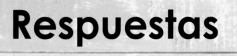

7. Las células muertas siguen un **patrón de teselas**.

11. El hígado.

13. Las **células madre adultas** se forman en la **médula ósea**.

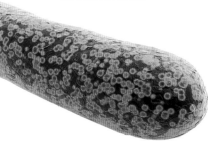

2. Se llaman **bacilos**.

3. El corazón tiene **cuatro cámaras**.

4. En las uñas. el pelo y la piel.

6. Las pequeñas protuberancias que cubren la lengua se llaman **papilas**.

5. Corona.

8. Los tres huesos del oído medio son: **martillo, yunque** y **estribo**.

9. Edward Jenner.

10. Un termómetro.

12. La **resonancia magnética** (RM).

14. Debes **lavarte las manos** por lo menos durante **20 segundos**.

Glosario

absorber
Atraer y retener algo.
Tu sangre absorbe
oxígeno de los
pulmones.

ADN
Molécula larga formada
por cadenas de cuatro
tipos de sustancias
químicas (indicadas
por las letras ACGT).
Constituye el material
genético de las células
del cuerpo.

alelo
Variante de un gen.
Obtenemos alelos de
cada progenitor para
una misma cosa, como
la forma de la nariz.

articulación
Unión entre dos
huesos.

bacterias
Seres vivos diminutos
unicelulares que viven
en todas partes.
Algunas causan
enfermedades y otras
ayudan a tu cuerpo.

características
Cualidades del cuerpo
reguladas por los
genes, como la forma
de la nariz.

cartílago
Tejido duro y flexible
del cuerpo.

células
Parte viva más
pequeña del cuerpo.

células madre
Células que pueden
convertirse en otros
tipos de células.

cromosomas
Pequeños haces de
ADN enrollados.

diafragma
Músculo situado bajo
los pulmones que
ayuda a respirar.

diagnóstico
Identificación de la
enfermedad de una
persona mediante la
observación de los
síntomas y a través
de pruebas.

dióxido de carbono
Uno de los gases del
aire. Se libera al espirar.

dominante
Se dice del alelo de un
gen que tiene unas
características que
prevalecen sobre un
alelo recesivo.

emociones
Sentimientos internos
que afectan al cerebro
y al cuerpo, entre ellos
la felicidad y el miedo.

empatía
Capacidad que
permite compartir
y comprender los
sentimientos de
los demás.

enzima
Sustancia que acelera
las reacciones
químicas del cuerpo.
Por ejemplo, las
enzimas digestivas
aceleran la digestión.

epidermis
Capa fina y externa de
la piel.

esfínter
Anillo muscular que
cierra o abre el orificio
de una cavidad del
cuerpo para controlar
el paso de material a
través de él. Por
ejemplo, los esfínteres
de la vejiga controlan
el paso de la orina.

folículo
Orificio del que crece
un pelo.

genes
Secuencias de ADN
que constituyen la
unidad funcional para
la transmisión de los
caracteres hereditarios.

glándulas
Grupo de células cuya
función es fabricar
y liberar hormonas y
otras sustancias.

hemoglobina
Proteína de color rojo
presente en los
glóbulos rojos.

hormonas
Mensajeros químicos
que se forman en
glándulas y órganos.
Viajan por la sangre y
regulan la actividad
de otros órganos.

huesecillos
Tres pequeños huesos
del oído medio. Son el
martillo, el yunque y
el estribo.

IRM
Tipo de escáner
corporal que utiliza
imanes. IRM son las
siglas de imagen por
resonancia magnética.

ligamento
Tejido conjuntivo elástico que mantiene unidos los huesos.

líquido cefalorraquídeo
Fluido que rodea y protege el cerebro, también conocido como LCR.

médula espinal
Gran haz de nervios de la columna vertebral que conectan el cerebro con las células nerviosas del cuerpo.

meninges
Tres capas de tejido que se encuentran entre el cerebro y el cráneo.

moco
Líquido espeso y viscoso, que se produce en la boca, la garganta, los intestinos y la nariz.

molécula
Unidad química formada por átomos.

nervios
Haz de fibras que transmite señales eléctricas por todo el cuerpo.

neurona
Célula nerviosa que produce y transmite señales eléctricas a otras neuronas y a partes del cuerpo.

núcleo
Parte central de una célula que contiene los cromosomas.

nutrientes
Sustancias químicas básicas que componen los alimentos. Sirven para ayudar al cuerpo a crecer, moverse y regenerarse.

organismo
Ser viviente, como los animales, las bacterias o las plantas.

órgano
Conjunto de tejidos que forman una parte del cuerpo, como los pulmones.

orgánulo
Unidad estructural y funcional de una célula. Por ejemplo, las mitocondrias liberan energía para alimentar la célula.

oxígeno
Uno de los gases del aire. El ser humano necesita respirar oxígeno para vivir.

partícula
Cuerpo de pequeñas dimensiones que compone la materia.

proteína
Tipo particular de complejo orgánico formado por cadenas de aminoácidos.

queratina
Proteína resistente e impermeable que está en las células muertas de la epidermis, el pelo y las uñas.

reflejo
Movimiento corporal automático, como el parpadeo.

regulación
Control de un proceso. Las hormonas ayudan a la regulación de muchas cosas, como tu crecimiento.

reloj biológico
Mecanismo natural del cuerpo que regula las funciones diarias, como el sueño.

respiración
Proceso por el que un ser vivo produce energía a través del intercambio de dióxido de carbono por oxígeno.

sensor
Tipo de célula que ayuda a sentir cosas relacionadas con tus sentidos, como el gusto y el tacto.

tejido
Conjunto de células que realizan una misma función, como el tejido muscular.

trasplante
Sustitución de un órgano del cuerpo que está enfermo o dañado por otro sano.

vasos sanguíneos
Conductos que transportan la sangre por el cuerpo.

vértebras
Conjunto de huesos que se unen para formar la columna vertebral.

Índice

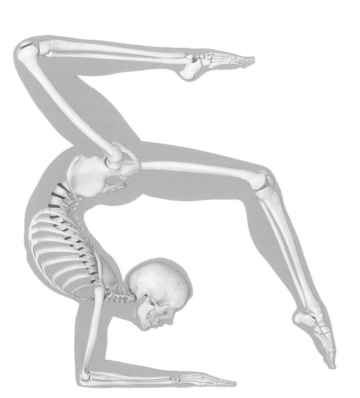

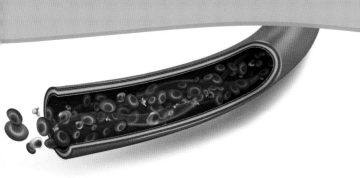

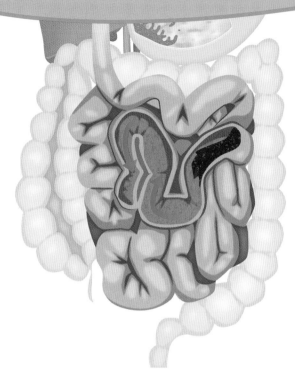

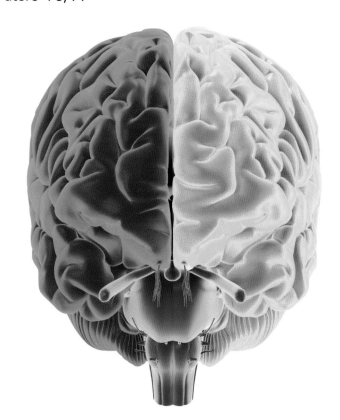

Agradecimientos

DORLING KINDERSLEY quiere dar las gracias a Polly Goodman por la revisión del texto; Helen Peters por el índice; Sally Beets, Jolyon Goddard, Marie Greenwood y Dawn Sirett por su asistencia editorial, y Niharika Prabhakar y Roohi Sehgal por su apoyo editorial.

Asesoramiento Darrin Lunde, National Museum of Natural History, Smithsonian Institution

Smithsonian Enterprises

Kealy Gordon Dirección de Desarrolo de Producto
Janet Archer DMM Ecom y D-to-C
Jill Corcoran Dirección, Licencias Editoriales
Carol LeBlanc Presidencia

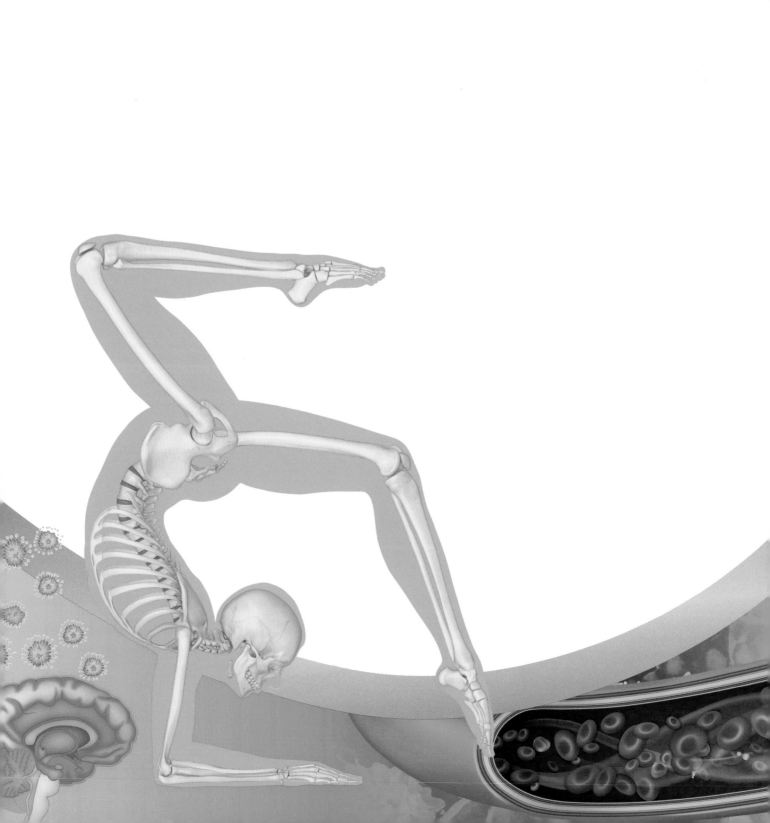